事業者必携

◆改正対応◆

入門図解 **労働時間と給与計算の法律と手続き**

社会保険労務士
小島 彰 監修

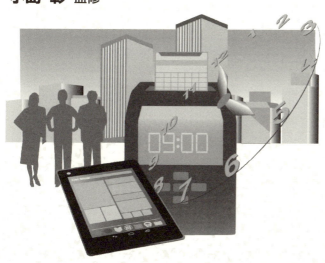

三修社

本書に関するお問い合わせについて

　本書の記述の正誤、内容に関するお問い合わせは、お手数ですが、小社あてに郵便・ファックス・メールでお願いします。お電話でのお問い合わせはお受けしておりません。内容によっては、ご質問をお受けしてから回答をご送付するまでに1週間から2週間程度を要する場合があります。

　なお、本書でとりあげていない事項や個別の案件についてのご相談、監修者紹介の可否については回答をさせていただくことができません。あらかじめご了承ください。

はじめに

　本書のテーマである「労働時間」「給与計算」はいずれも、「職場環境の整備」という点でとても大切なことです。たとえば、労働基準法には、「法定労働時間（週40時間、１日８時間）を超えて働かせてはならない」という原則があり、適正な手続きを経ずに労働時間の原則を破ると刑事罰が科されます。また、「給与」や「賞与」は労働者にとって生活の糧であり、最大の関心事です。長らく、労働時間の長時間化が問題視され、労働者を酷使しているにもかかわらず、適切な残業代を支払わないなどといった企業も少なくなく、労働審判や訴訟に発展するケースや、労働基準監督署に通報されるケースもあり、早期是正が必要な深刻な問題です。

　本書は、使用者が知っておかなければならない労働時間や給与計算の基本事項をやさしく解説した入門実務書です。労働基準法に定められている労働条件などのルールはもちろんこと、時間外労働の上限時間の明記化、特定高度専門業務・成果労働制（高度プロフェッショナル制度）の新設、勤務間インターバル制度の促進、フレックスタイム制の清算期間の延長など、長時間労働の是正や多様な働き方を認めることを目的に、2018年に成立した「働き方改革法」に伴う改正事項を丁寧に解説しています。また、第５章以下では、賃金の計算方法や届出などの記載例を豊富に掲載し、基本事項を解説しました。

　社会保険や労働法の知識から、労働基準監督署に提出する協定書などの届出書式、給与計算、賞与支払、年度更新、年金事務所に提出する算定基礎届、月額変更届、年末調整、源泉徴収事務などの重要な事務についても身につくようになっています。

　本書を皆様の労務管理の業務に役立てていただければ幸いです。

　　　　　　　　　　　　　監修者　社会保険労務士　　小島　彰

Contents

はじめに

第1章 労働時間・賃金・給与の基本常識

1 労働時間のルールと管理について知っておこう　　10
2 労使協定や労働協約について知っておこう　　15
3 労働時間の管理とタイムカードについて知っておこう　　18
4 休憩時間について知っておこう　　20
5 勤務間インターバル制度について知っておこう　　22
6 賃金・給与・報酬はどう違うのか　　26
7 基本給と諸手当の種類について知っておこう　　31
8 手当の算出には平均賃金を使う　　36

第2章 裁量労働・変形労働時間・フレックスタイム制度のしくみ

1 事業場外みなし労働時間制について知っておこう　　42
　書式　事業場外労働みなし労働時間制に関する協定書　　48
2 裁量労働制について知っておこう　　49
　書式　専門業務型裁量労働制に関する協定届　　57
　書式　企画業務型裁量労働制に関する報告　　58
　書式　企画業務型裁量労働制に関する決議届　　59
3 特定高度専門業務・成果型労働制について知っておこう　　60
4 変形労働時間制について知っておこう　　64

5	1か月単位の変形労働時間制について知っておこう	66
	書式　1か月単位の変形労働時間制に関する協定届	72
6	1年単位の変形労働時間制について知っておこう	73
	書式　1年単位の変形労働時間制に関する協定届	79
7	1週間単位の非定型的変形労働時間制について知っておこう	80
	書式　1週間単位の非定型的変形労働時間制に関する協定届	85
8	フレックスタイム制について知っておこう	86
	書式　フレックスタイム制度についての協定	92

第3章　その他の労働時間の例外

1	労働時間、休憩、休日の規定が適用除外される労働者とは	96
2	年少者の労働時間について知っておこう	98
3	在宅勤務と短時間正社員制度について知っておこう	101
	書式　在宅勤務規程	107

第4章　割増賃金の取扱い

1	割増賃金について知っておこう	112
	書式　割増賃金の支払いに代えて付与する代替休暇に関する協定書	114
2	三六協定について知っておこう	115
	書式　時間外労働・休日労働に関する協定届	122
	書式　時間外労働命令書	123
	書式　時間外・休日勤務届出書	124

3 残業代不払いの問題の所在をおさえよう	125
4 残業時間と限度時間について知っておこう	132
5 固定残業手当について知っておこう	136
6 年俸制や出来高払いの賃金について知っておこう	139
7 管理職には残業代はつかないのか	142
8 こんな場合に割増賃金の支払いは必要か	144
9 労働基準法違反には罰則が課せられる	146

第5章　給与計算の仕方

1 給与計算をする上で大切なポイントをおさえよう	150
2 毎月・年間の給与計算事務とスケジュールを把握しよう	153
3 賃金台帳の記載と保存方法について知っておこう	158
書式　賃金台帳（月平均所定労働時間数164時間として計算）	160
4 給与計算の準備をする	161
5 給与支給項目の集計をする	163
6 給与からの控除額の計算をする	165
7 割増賃金を計算してみる	167
8 欠勤や遅刻・早退をした場合の控除額について知っておこう	172
9 給与支給額を計算してみる	175
10 給与規程を作成する	179
書式　給与規程（正社員用）	184

11	賞与について知っておこう	190
12	賞与額を計算してみる	194

第6章　給与・賞与と社会保険・税金事務

1	労働保険と年度更新に関する事務と書式	198
	書式1　労働保険概算・確定保険料申告書	201
	書式2　確定保険料算定基礎賃金集計表	202
2	年度更新の計算をしてみる	203
3	社会保険と社会保険料の決定方法について知っておこう	207
4	給与所得にかかる税金について知っておこう	211
5	所得税・住民税の源泉徴収事務と書式	213
	書式3　給与所得・退職所得等の所得税徴収高計算書（一般分）	216
	書式4　給与所得・退職所得に対する源泉徴収簿	217
6	賞与の支払いに関する事務と書式	218
	書式5　健康保険厚生年金保険被保険者賞与支払届	219
	書式6　健康保険厚生年金保険被保険者賞与支払届総括表	220
7	賞与の源泉徴収税額はどのように計算するのか	221
8	年末調整と源泉徴収票の作成等に関する事務と書式	223
	書式7　給与所得に対する源泉徴収簿（年末調整）	229
	書式8　給与支払報告書と源泉徴収票	230
Column	厚生年金の適用拡大の問題点	232

第7章 ケース別 算定基礎届・月額変更届の書き方

1 ケース別算定基礎届の作成方法と書式 234
- 書式1 正社員とパートタイム労働者がいる場合（算定基礎届） 242
- 書式2 正社員とパートタイム労働者がいる場合（総括表） 244
- 書式3 手当や残業代、賞与の支給がある場合（算定基礎届） 245
- 書式4 手当や残業代、賞与の支給がある場合（総括表） 246
- 書式5 昇給、遡り昇給、保険者算定の申立てがある場合（算定基礎届） 247
- 書式6 年間報酬の平均で算定することの申立書 248
- 書式7 被保険者の同意等に関する書面 249

2 ケース別月額変更届の作成方法と書式 250
- 書式8 基本給・時給の昇給があった場合 253
- 書式9 非固定的賃金の変動や遡り昇給がある場合 254
- 書式10 諸手当や現物支給による賃金の変動がある場合 255

第1章

労働時間・賃金・給与の基本常識

労働時間のルールと管理について知っておこう

週40時間、1日8時間の労働時間が大原則である

● 週40時間・1日8時間の法定労働時間

　使用者は、たとえ繁忙期であるとしても、労働者に対して無制限に労働を命じることはできません。労働基準法には「法定労働時間（週40時間、1日8時間）を超えて働かせてはならない」という原則があります。つまり、週の労働時間の合計の上限（40時間）と1日の労働時間の上限（8時間）の両面から、労働時間について規制を及ぼしています。

　三六協定を締結しているなどの例外的事由（115ページ）がないのに、使用者が法定労働時間を超えて労働者を働かせることは、刑事罰（6か月以下の懲役または30万円以下の罰金）の対象となります。

　なお、法定労働時間に関する労働基準法の規定には例外があり、週44時間の特例措置対象事業場（64ページ）、変形労働時間制（64ページ）、フレックスタイム制（86ページ）が代表的なものです。それぞれの制度については、項目を改めて詳しく見ていきます。

●「働き方改革法」との関係

　2018年7月6日に、国会で**働き方改革法**が成立しました。具体的には、「働き方改革を推進するための関係法律の整備に関する法律」に基づき、30以上の法律が改正されました。働き方改革法には、①働き方改革の総合的で継続的な推進、②長時間労働の是正と多様で柔軟な働き方の実現、③雇用形態にかかわらず労働者の公正な待遇を確保する、という3つの主要な目的があります。

　このうち、①働き方改革の総合的で継続的な推進は、法案の公布とともに施行され、雇用対策法の目的規定の中で、働き方改革の全体像

が示されています。つまり、異なる事情を抱えた労働者の個々の事情に応じた雇用の安定や職業生活の充実を確保し、その結果として労働生産性を向上させるとともに、労働者の能力が十分に発揮できるように、国の講じるべき措置や会社側の責務などが明らかにされました。

国は、労働時間の短縮をはじめとする労働条件の改善や、異なる雇用形態をとる労働者間の不均衡の改善、多様な雇用形態の実現を通じて、労働者の生活と仕事の両立を支える義務を負います。

一方、会社側は、以下で取り上げる②長時間労働の是正と多様な働き方の実現や、③労働者の公正な待遇の確保に向けた労働環境の整備に取り組む責務を負います。具体的には、パートタイム労働法、労働契約法、労働者派遣法など、あらゆる雇用形態における、不合理な待遇を禁止する規定が整備された点が重要です（不合理な待遇禁止に関する改正は、原則として2020年4月1日から施行）。

ここでは、働き方改革の主要な目的である、②長時間労働の是正と多様で柔軟な働き方の実現について詳しく見ていきましょう。具体的には、労働基準法の改正をはじめとする労働時間に関する見直し、労働時間等設定改善法における勤務間インターバル制度の促進化、労働安全衛生法における産業医などの機能の強化を中心とした改正が行われます。これらの改正は、原則として2019年4月1日から施行されます（中小企業については取扱いが異なります）。

・**労働時間に関する制度の見直し**

労働時間については、とくに労働基準法で時間外労働の上限規制が明記される点が重要です。つまり、法定労働時間を超える時間外労働について、原則として1か月45時間、1年360時間という上限が明記され（かつては告示で決められていました）、労働者の健康確保などへの配慮が行われています。

その他にも、かつては時間外労働に対して支払われる割増賃金率について、月60時間を超える分の時間外労働については割増賃金率を

50％以上とするという規制が、中小企業に対しては猶予されていました。しかし、労働基準法改正により、この中小企業に対する猶予措置の廃止が決まりました（2023年3月末日に廃止）。また、10日以上の年次有給休暇（年休）が与えられる労働者に対して、使用者は、そのうちの5日について毎年時季を指定し、労働者に付与することが義務付けられることになりました。そして、働き方改革の目玉のひとつとして、「特定高度専門業務・成果型労働制（高度プロフェッショナル制度）」が新設されました。これは、高度な専門的な業務を担う、高年収（少なくとも1000万円以上）の労働者について、所定の要件を満たす場合に、労働時間や休日、深夜労働の割増賃金に関する規定の適用を免除し、職種の特性に適した多様な働き方を認める制度です。

・勤務間インターバル制度の促進化

　労働者の健康を守るために、翌日の始業開始時刻までの十分な休息時間を確保する勤務間インターバル制度について、労働時間等設定改善法において、事業主（事業者）が勤務間インターバルの確保に努める義務を負うことになりました。

・産業医などの機能の強化

　産業医の選任義務を負う、労働者数が常時50名以上の事業場において、産業医が労働者に対して行った健康管理に関する勧告の内容などについて、衛生委員会に対する報告義務が課せられました。また、事業者は、産業医に対して、職場の労働者の健康維持に関する必要な情報提供を行うことが義務づけられるなど、産業医を通じた労働者の健康維持に関する機能が強化されました。その他、フレックスタイム制については、従来は1か月であった清算期間について、3か月まで延長することが認められました（86ページ）。

● 法定内残業と時間外労働

　使用者は法定労働時間を守らなければならないのが原則ですが、災

■ 働き方改革の全体像と主な内容

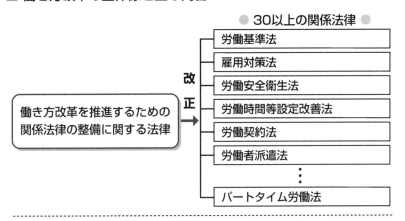

働き方改革の主な内容

① 働き方改革の総合的・継続的な推進（施行：2018年7月6日）

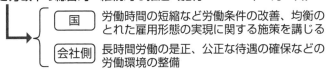

国　労働時間の短縮など労働条件の改善、均衡の
とれた雇用形態の実現に関する施策を講じる

会社側　長時間労働の是正、公正な待遇の確保などの
労働環境の整備

② 長時間労働の是正・多様な働き方の実現（施行：原則2019年4月1日）

労働時間の見直し

・時間外労働の上限規制を明文化⇒原則、月45時間・年360時間
・特定高度専門業務・成果型労働制（高度プロフェッショナル制度）の新設
　⇒一定の年収（最低1000万円以上）の専門的な知識が必要な業務に
　　就く労働者について、労働時間、休日、深夜労働に対する割増賃金
　　などの規定を適用しない

勤務間インターバル制度の促進
　⇒事業主が勤務間インターバルの確保に努める義務を負う

産業医などの機能の強化
　⇒事業者は、産業医に関する報告義務や、産業医に対する情報提供
　　義務などを負う

③ 雇用形態に関わらない労働者の公正な待遇の確保（施行：原則2020年4月1日）
　　⇒あらゆる雇用形態における、不合理な待遇を禁止する
　・パートタイム労働者と有期雇用労働者が一体的に保護されることになった

害をはじめ臨時の必要性が認められる場合や、三六協定が結ばれている場合には、例外的に法定労働時間（週40時間、1日8時間）を超えて労働者を業務に従事させることができます。法定労働時間を超える労働を時間外労働といい、時間外労働に対しては割増賃金を支払わなければなりません。もっとも、就業規則で定められた終業時刻後の労働すべてに割増賃金の支払が必要であるわけではありません。たとえば、会社の就業規則で9時始業、17時終業で、昼休み1時間と決められている場合、労働時間は7時間ですから、18時まで「残業」しても8時間の枠は超えておらず、時間外労働にはなりません。この場合の残業を法定内残業といいます。法定内残業は時間外労働ではないため、使用者は割増賃金ではなく、通常の賃金を支払えばよいわけですが、法定内残業について使用者が割増賃金を支払うことも可能です。

　さらに、働き方改革法に伴い、労働基準法改正で、原則として月45時間、年360時間という時間外労働の上限が明示されました。ただし、特別条項付き協定により、これらより長い時間外労働の上限を定めることも認められます。しかし、①時間外労働を年720時間以内に抑える、②時間外労働が月45時間を超える月数は1年に6か月以内に抑える、③時間外労働と休日労働を1か月100時間未満に抑える、④時間外労働と休日労働の複数月の平均を月80時間以内に抑える、という規制に従わなければなりません（120ページ）。そして、上記①〜④の規制に従わないと、刑事罰の対象となることが重要です。

■ **割増賃金を支払う義務が生じる場合**

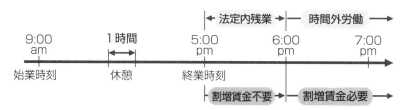

2 労使協定や労働協約について知っておこう

労使の利害を調整するためのもの

● 労使協定とは

　労使協定とは、事業場に労働者の過半数で組織する労働組合があるときはその労働組合、労働者の過半数で組織する労働組合がないときは労働者の過半数を代表する者との書面による協定をいいます。労使協定には、労働基準監督署への届出が義務づけられているものとそうでないものがあります。三六協定（労働基準法36条に基づく時間外・休日労働に関する協定）、変形労働時間制に関する協定、年次有給休暇の計画的付与に関する協定など、さまざまな労使協定がありますが、その多くが労働基準法を根拠とするものです。

● 労働協約とは

　労働者には、団結して労働組合を組織する権利が認められています（団結権）。そして、労働組合を主体として使用者と交渉する権利も認められています（団体交渉権）。この団体交渉の結果、労働組合と使用者との間で労働条件が決定されると、その内容は、当事者の署名・押印とともに書面に残されます。これが労働協約です。労働協約は、労働組合と使用者の合意によって締結されます。ただ、労働協約の内容が効力をもつためには、当事者の合意だけでは足りず、正式に書面にして当事者双方が署名・押印しなければなりません。
　このような手続を経た労働協約は、労働基準法などの法令に次ぐ効力があるので、就業規則や労働契約に優先します。そして、「労働協約に定める労働条件その他の労働者の待遇についての基準」（規範的部分）に違反する就業規則や労働契約は、その部分につき無効となり、

無効となった部分の効力は、労働協約の定めに従って判断します。これを労働協約の規範的効力といいます。この規範的効力により、労働協約で定めた労働条件など（規範的部分）が、就業規則や労働契約より不利な内容であっても、原則として労働協約で定めた労働条件などが適用されてしまうことに注意が必要です。

　もっとも、注意しなければならないのは、労働協約の効力は、事業場の全従業員ではなく、労働協約を締結した労働組合員にのみ及ぶのが原則だということです。したがって、労働協約の定める基準に照らして無効と判断され、労働協約により修正された労働契約の内容について、労働組合員以外の従業員には効力が及ばないため、これらの従業員との間では、従来からの（修正されていない）労働契約の規定が適用されるのが原則となります。

　しかし、一つの事業場に常時使用される同種の労働者の4分の3以上の者が、一つの労働協約の適用を受けるようになった場合には、その事業場の残りの同種の労働者にも、その労働協約が適用される（労働組合員以外の従業員にも労働協約の効力が及ぶ）という例外があることに注意が必要です。これを労働協約の一般的拘束力といいます。

● 労使委員会とは

　労働基準法は、労使間に入って労働条件に関する折衝・協議を進める担当機関として**労使委員会**の設置を認めています。とくに企画業務

■ 労働協約と労使協定の違い

	労働協約	労使協定
対　象	特に制限はない	労働基準法が定める事項
労働者側の当事者	労働組合	過半数労働組合または過半数代表者
効力の及ぶ範囲	原則として組合員	事業場の労働者全体

型裁量労働制や高度プロフェッショナル制度（60ページ）を導入しようとする事業場は、必ず労使委員会を設置しなければなりません。

労使委員会の目的は、賃金、労働時間などの事業場における労働条件について調査審議し、使用者に対し意見を述べることです。労使委員会は、継続的に設置される機関で、使用者と事業場の労働者を代表する者から構成されます。

● 労使委員会の議事と決議

労使委員会での議事については、議事録を作成し保管しなければなりません。そして、事業場の労働者に対して周知させることになっています。また、労使委員会の決議は、労使委員会の委員の5分の4以上の多数決によることで労使協定の代替とすることが認められる場合があります。つまり、労使委員会の決議があれば、労使協定を定める必要がなくなる場合です。ただし、時間外・休日労働に関する三六協定に代えて労使委員会で決議した場合のように、所轄労働基準監督署への決議の届出が必要となることがあります。

■ 労使協定に代えて労使委員会で決議できる労働基準法上の事項 …

① 1か月単位の変形労働時間制　② フレックスタイム制
③ 1年単位の変形労働時間制　④ 1週間単位の非定型的変形労働時間制
⑤ 休憩時間の与え方に関する協定　⑥ 時間外・休日労働（三六協定）
⑦ 割増賃金の支払いに代えて付与する代替休暇
⑧ 事業場外労働のみなし労働時間制
⑨ 専門業務型裁量労働制のみなし労働時間
⑩ 時間単位の年次有給休暇の付与　⑪ 年次有給休暇の計画的付与
⑫ 年次有給休暇に対する標準報酬日額による支払い

※「貯蓄金管理」「賃金の一部控除」は、必ず労使協定が必要で、労使委員会の決議による代替ができない。
※「企画業務型裁量労働制のみなし労働時間」は、労使協定が不要で、労使委員会の決議が必要である。

3 労働時間の管理とタイムカードについて知っておこう

労働時間を正確に把握するためのもの

● タイムカードに記録されている時刻は「労働時間」となる

　労働者の労働時間を適正に把握し、管理するためには、労働者の労働時間を客観的に記録できるもの（タイムカード、ICカードなど）で確認・記録する方法をとるのが一般的です。以前は紙ベースが中心でしたが、最近はICカードを使用する会社も多くなってきました。タイムカードは通常、労働者が自分で打刻します。そのため、結果的に、タイムカードの打刻は単なる出退勤状況を把握する程度の機能しか果たしていない場合が多く見受けられます。しかし、タイムカードに記録されている時刻は、「労働した時間」の記録として認められるものです。

　法的な意味での**労働時間**とは、労働者が使用者の指揮命令下に置かれている時間のことを指し、始業前の準備時間や終業時刻後に行われる雑談等は、労働時間とはいえません。裁判例においても、タイムカードの取扱いについて「従業員の出社・退社時刻を明らかにするものにすぎない」「会社側は従業員の遅刻・欠勤を把握する趣旨で設置」「労働時間はタイムカードに記録された時刻で確定はできない」といった見解が示されています。

　そこで、労働時間を算定しようとする場合には、タイムカードだけではなく、その他の資料（業務日報や業務週報など）も参照しながら行うべきです。労働者の労働時間を管理する義務は会社側に課されているといえます。労働時間管理表（勤怠管理表）により、労働者の1か月の労働時間を適切に把握・管理する必要があります。少なくともタイムカードへの打刻は、実際の出勤時刻や退勤時刻ではなく、会社

の業務を始める始業時刻や、その業務が終了した終業時刻に行うよう管理することは必要です。

　なお、会社側が労働時間の管理義務を怠っていた場合で、タイムカードによる打刻がしっかりと行われた場合であれば、打刻された出勤・退勤の時間に納得がいかないとしても、原則としてタイムカードの打刻時間が法的な意味での「労働時間」でもあると判断され、その打刻時間に基づいて残業代を支払う必要があると考えられています。

　では、タイムカードがない場合はどのように考える必要があるのでしょうか。客観的な証拠がない場合、どうしても従業員側の自己申告を受け入れざるを得ないか否かが問題になります。

　この場合、基本的には、会社側が従業員の労働時間を適正に把握できていないと考えられますので、従業員による立証があれば、それに反証できない限り残業代は従業員の言い分通りに支払う必要があります。従業員の立証とは、従業員が毎日つけていた日記や日報などです。これは当日や翌日など、記憶が鮮明な間に作成されたメモ書きなどであっても立証できる証拠とされます。さらに、近年ではスマートフォンのGPSの記録（一定の地点にいた日付と時間がわかります）が労働時間を算定する証拠になると判断した裁判例も出てきています。

■ タイムカードによる労働時間の管理

〔目的〕従業員の労働時間の管理

出勤時に打刻 ⇒ 始業前の準備時間が労働時間に含まれてしまう

退勤時に打刻 ⇒ 終業後の雑談等まで労働時間に含まれてしまう

会社側が打刻の管理をするか、始業時・終業時に打刻するように改める必要がある

4 休憩時間について知っておこう

使用者が休憩時間中の労働者の行動を制約することはできない

● 休憩時間は自由利用が原則である

　労働時間は休憩時間を除外して計算するのですが、これとは別に休憩時間についても定めがあります。使用者は労働者に対し、1日の労働時間が6時間を超える場合は45分以上、8時間を超える場合は1時間以上の休憩時間を与えなければなりません。

　また、休憩時間は労働時間の途中に、一斉に与えなければなりません（一斉付与の原則）。多くの会社では、一斉に休憩する時間を昼食時に設定しています。休憩時間を一斉に与えなければならないのは、バラバラに休憩をとることで、休憩がとれなかったり、休憩時間が短くなったりする労働者が出ることを防ぐためです。ただし、労使協定に基づき交替で休憩させるなどの例外が認められます。

　さらに休憩時間中は労働者を拘束してはならず、労働者に休憩時間を自由に利用させなければなりません（自由利用の原則）。よって、使用者が休憩時間中の労働者の行動を制約することはできません。ただし、労働者は、会社が事業を円滑に運営していくために、一定の秩序を遵守する義務を負います（企業秩序遵守義務とも呼ばれます）。そのため企業秩序に照らし、休憩時間中の行動について、労働者に一定の制約を課すことが許される場合があります。

　以下、それぞれのケースを見ていきましょう。

① **外出**

　労働者は休憩時間中、自由に外出できます。もっとも、事業場の中で自由に休憩できるのであれば、外出について所属長などの許可を必要とする許可制は、ただちに自由利用の原則には反しません。

② **自主的な勉強会**

労働者が自主的に勉強会を開催する場合は問題ないのですが、使用者が参加を強制している場合（事実上の強制も含みます）は、自由利用の原則に反します。たとえば、休憩時間中に労働者全員を講堂に集めて勉強会をすることは、法律の認める休憩時間になりません。

③ **電話番**

電話番をさせるのは、休憩室で休憩しながらであっても、労働から完全に解放されていないので、自由利用の原則に反します。

④ **組合活動**

組合活動は憲法で保障された権利なので、労働者が休憩時間を利用して組合活動を行うことは自由です。ただし職場秩序を乱すおそれのあるビラ配布や演説などは、懲戒処分の対象となる場合があります。

⑤ **政治活動**

職場秩序を乱すおそれや会社の事業に対する具体的な支障がない限り、政治活動も許されると考えられます。

■ **休憩時間のしくみ（一斉付与の原則と例外）**

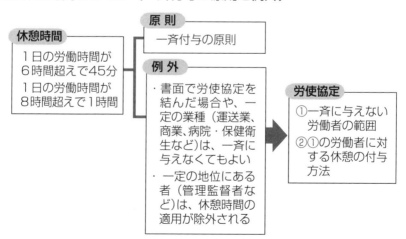

5 勤務間インターバル制度について知っておこう

終業時刻から翌日の始業時刻までの休息時間を確保する制度

● どんな制度なのか

　勤務間インターバル制度とは、労働者が1日の勤務が終了（終業時刻）してから、翌日の勤務が開始（始業時刻）するまでに、一定時間以上経過しなければならないとする制度です。終業時刻から翌日の始業時刻までに休息時間（勤務間インターバル）を設けることで、労働者の長時間労働を解消することが目的です。

　たとえば、始業時刻が午前9時の企業が「11時間」の勤務間インターバルを定めている場合、始業時刻の通りに労働者が勤務するためには、遅くとも前日の終業時刻が午後10時まででなければなりません。もし前日の終業時刻が午後11時である労働者がいた場合には、そこから11時間（勤務間インターバル）は翌日の勤務に就くことができず、始業時刻を少なくとも午前10時（1時間の繰下げ）まで繰り下げなければなりません。

　企業が勤務間インターバル制度を導入する場合、大きく2つの意義があります。1つは、一定の時刻に達すると、それ以後、企業は労働者に残業させることができなくなる点です。一定の勤務間インターバルを置かなければ、翌日の定時の就業が認められないため、一定の時刻に達すると、企業は労働者に終業を命じなければなりません。これにより、長時間労働の削減につながることが期待されています。

　もう1つは、一定の休息時間が確保され、労働者の生活時間や十分な睡眠時間を確保することを助け、労働者のワークライフバランスを推進する作用を持つということです。

● どんなメリットがあるのか

　勤務間インターバル制度を導入すると、労働者は、一定の時間（＝勤務間インターバル）について、いわば強制的に休息時間を確保することが可能になります。そのため、長時間労働を直接的に解決することができるというメリットがあります。最近では、フレックスタイム制や裁量労働制が充実してきており、これらの制度と併せて勤務間インターバル制度を導入すると、労働者は、自らの意思で労働時間を管理することが可能になり、ワークライフバランスを保つことが可能になることが期待されます。

● 導入促進のための助成金など

　2017年の「就労条件総合調査」において、勤務間インターバル制度を導入していると回答した企業の割合は、1.4%（就業規則などに規定されている企業に限定しています）にすぎません。勤務間インターバル制度を導入していない企業は、「人員不足などにより、勤務間インターバル制度を導入すると事業に影響が生じる」などといった明確な理由があるわけではなく、「勤務間インターバル制度を導入する必要性を感じない」「これといった理由はない」などといった不明確な理由から導入していない企業が多いという実態があります。

　つまり、勤務間インターバル制度は、労働者の長時間労働を改善するための重要な制度であるにもかかわらず、いまだにその重要性が企業に伝わっていないということです。

　そこで、厚生労働省は、勤務間インターバル制度を導入した企業のうち、一定の条件を満たす企業に対して、企業が申請することによって、勤務間インターバル制度を導入するにあたり、企業が負担した費用の一部を助成する「時間外労働等改善助成金（勤務間インターバル導入コース）」という制度を設けています。

　勤務間インターバル導入コースによって助成を受けるためには、以

下の取り組みのうち、最低1つ以上を実施しなければなりません。
① 労務管理者に対する研修
② 労働者への周知や啓発を目的とする研修
③ 社会保険労務士などの外部専門家による指導を受ける
④ 勤務間インターバル制度導入に向けた就業規則や労使協定の作成や変更
⑤ 人材確保に関する取り組み
⑥ 労務管理用の機器またはソフトウェアの導入や更新
⑦ テレワークに用いることができる通信機器などの導入や更新
⑧ 労働者の労働能率向上に役立つ設備や機器の導入や更新
⑨ デジタル式運行記録計（デジタコ）の導入・更新

　もっとも、助成対象になる企業が限定されており、たとえば、サービス業においては、資本または出資額が5000万円以下であり、常時雇用する労働者の人数が100人以下の企業に限定されています。また、助成を支給するために、企業は、労務管理担当者に対する研修や、労働者に対する研修や周知・啓発活動を行うなど、一定の取り組みを行うことが義務付けられます。さらに、助成金の支給を受けるため、成果目標の設定が求められています。助成金の支給を受けるためには、少なくとも9時間以上の勤務間インターバルを置くことが必要です。

● どんな問題点があるのか

　勤務間インターバル制度にも問題点が指摘されています。それは、勤務間インターバル制度によって始業時刻が繰り下げられた場合、繰り下げられた時刻に相当する時間の賃金に関する問題です。
　たとえば、繰り下げられた時間については、労働免除とするという方法が考えられます。労働免除が認められると、繰り下げられた時間分については、労働者は賃金を控除されることがありません。しかし、これを企業側から見ると、労働者ごとに労働時間の繰り下げなどの管

理を適切に行わなければならないとともに、労働者同士の公平性にも配慮しなければならないという負担がかかります。

このように、勤務間インターバル制度は、労働者の健康や安全を確保するのに役立つ制度である一方で、労働者にとって重大な関心事である賃金に対して影響を与えるおそれがあるため、その導入に際しては、労使間で事前に明確な合意に至っている必要があります。

● 就業規則にも規定する必要がある

2018年の労働時間等設定改善法の改正により、企業は、勤務間インターバル制度の導入を、努力義務として課されることになりました。つまり、長時間労働の改善について、企業側の意識の向上が求められているということです。

そこで、企業は勤務間インターバル制度を導入する場合には、就業規則などに明確に規定を置き、とくに繰り下げた時間に相当する賃金の問題などについても、事前に明確にしておくことが望まれます。

■ 勤務間インターバルとは

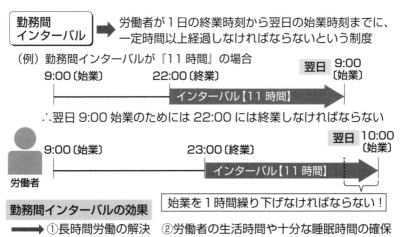

賃金・給与・報酬はどう違うのか

賃金は労働の「対償」として使用者から支払われるもの

● さまざまな法律に定められている

　労働者が働く上で、もっとも関心をもっているのは給与、賞与、退職金など、「賃金」の話ではないでしょうか。賃金を含めて、労働者の働き方について定めているルールが労働法です。労働法とは、労働基準法、労働契約法、労働組合法、労働者派遣法、育児・介護休業法、パートタイム労働法など多数の法律と命令（政令・府省令・規則）、通達、判例の総称です。労働法は、働く人が生活と健康を守りながら仕事をするため重要な役割を果たしています。

　労働契約法は、自主的な交渉に基づく合意により労働契約を結び、労使間の法律関係を決定することを目的にしています。しかし、使用者と労働者の立場は雇う者と雇われる者の関係であり、その実態はけっして対等であるとはいえません。そこで、弱い立場にある労働者を保護するために労働法は各種規定を置いています。

　原則として、当事者同士の合意があれば契約は自由に結べますが（契約自由の原則）、労働基準法に満たない契約は、たとえ労働者が納得していたとしても無効になります。

　たとえば、「残業した場合も、割増賃金ではなく通常の賃金を支払う」という合意を労働者と使用者がしていた場合、合意内容からすれば、使用者は割増賃金を支払う必要はないように思えます。ところが、労働基準法には「残業（1日8時間、週40時間の法定労働時間を超える部分）には割増賃金を支払わなければならない」と規定されています。したがって、この合意は無効となり、労働者は使用者に割増賃金を請求できるのです。

● 賃金イコール給料ではない

　賃金は、一般的に「給与」と呼ばれています。労働基準法上の賃金には、実際に行った労働の直接の対価だけではなく、家族手当、住宅手当のように労働の対価よりも生計の補助として支払うものや、通勤手当のように労働の提供をより行いやすくさせるために支払うものも含まれるとされています。

　つまり基本給だけではなく、役職手当、時間外手当、家族手当、住宅手当も賃金にあたります。さらに、時間外手当や休業手当、年次有給休暇中の賃金のように、実際に労働しなくても労働基準法が支払いを義務付けているものも、労働基準法上の賃金に含まれます。賞与や退職金などは、当然には労働基準法上の賃金にあたりませんが、労働協約・就業規則・労働契約で支給条件が決められていれば、使用者に支払いが義務付けられるので、賃金に含まれるとされています。

　これに対し、ストック・オプションは、労働基準法上の賃金に含ま

■ 労働基準法で賃金とされているものの範囲

賃金の定義	賃金、給料、手当、賞与その他名称のいかんを問わず、労働の対償として使用者が労働者に支払うすべてのもの	
	賃金となるもの	賃金とならないもの
具体例	・退職金、結婚祝金など、労働契約、就業規則、労働協約などによってあらかじめ支給条件の明確なもの（例外） ・祝祭日、労働者の個人的吉凶禍福に対して支給されるもので、前例または慣例によってその支給が期待されているもの（例外）	・結婚祝金、死亡弔慰金、災害見舞金等の恩恵的給付（原則） ・祝祭日、会社の創立記念日または労働者の個人的吉凶禍福に対して支給されるもの（原則）
	・事業主の負担する労働者の税金、労働保険料、社会保険料 ・スト妥結一時金 ・現物支給として労働者に渡す「通勤定期券」 ・労働基準法第26条の休業手当	・制服、作業衣など、業務上必要な被服の貸与 ・出張旅費 ・法定額を超えて支給される休業補償費 ・役職員交際費
	・仲居さんが使用者の手を介して再分配されて受けるチップ（例外） ・社宅の利用代金を徴収する場合、徴収金額が実際費用の3分の1以下であるときは、徴収金額と実際費用の3分の1との差額部分については賃金とみなされる（例外）	・仲居さんなどが客から受けるチップ（原則） ・社宅の貸与、給食などの福利厚生施設（原則） ・福利厚生のために使用者が負担する生命保険料などの補助金

れません。ストック・オプションとは、会社が役員や労働者に自社株を購入する権利を与えておき、一定の業績が上がった際に、役員や労働者がその権利を行使して株式を取得し、これを売却して株価上昇分の差益を得ることができる制度です。

なお、賃金は労働の提供への対償としての性質を持っています。そのため、会社が出張や顧客回りのために交通費を支給しても、これは会社の経費であって賃金ではありません。

● 給与の範囲は法律によって異なる

労働基準法では、労働契約や就業規則などによってあらかじめ支給条件が明確にされている退職金や結婚祝金・慶弔金などは、給与（労働基準法では給与は「賃金」にあたります）に含めます。

これに対して、社会保険（健康保険や厚生年金保険）では、労働契約や就業規則などによってあらかじめ支給条件が明確にされている退

■ 社会保険で報酬とされているものの範囲

報酬の定義	事業に使用される者が労働の対償として受ける賃金、給料、俸給、手当または賞与およびこれに準ずるものをいい、臨時的なものや3か月を超える期間ごとに受けるものを除いたもの	
	報酬となるもの	報酬とならないもの
具体例 / 金銭での給付	・基本給、家族手当、勤務地手当、通勤手当、時間外手当、宿直・日直手当、住宅手当、精勤・皆勤手当、物価手当、役職手当、職階手当、休業手当、生産手当、食事手当、技術手当など ・年4回以上支給の賞与	・結婚祝金、慶弔金、病気見舞金、慰労金、解雇予告手当、退職金 ・事業主以外から受ける年金、傷病手当金、休業補償、出産手当金、内職収入、家賃・地代収入、預金利子、株主配当金など ・大入り袋、社内行事の賞金、出張旅費、功労金など ・年3回までの範囲で支給される賞与、決算手当、期末手当
具体例 / 現物での給付	・食事の手当（都道府県別の現物給与の標準価格による） ・住宅の供与（都道府県別の現物給与の標準価格による） ・通勤定期券、回数券	・制服・作業着 ・見舞金、記念的賞品など ・生産施設の一部である住居など

職金や結婚祝金・慶弔金などであっても、給与(社会保険では給与のことを「報酬」といっています)に含めないとされています。

◉ 賃金支払いの5原則とは何か

労働基準法では、労働者保護の観点から、労働者が提供した労務に

■ 賃金支払いの5原則の内容

原則	内容	例外
❶通貨払い	小切手や現物で支払うことはできない	**労働協約が必要** ● 通勤定期券の現物支給、住宅貸与の現物支給 **従業員の同意が必要** ● 銀行口座振込み、証券総合口座払込み(注1) ● 退職金の銀行振出小切手、郵便為替による支払い(注2)
❷直接払い	仕事の仲介人や代理人に支払ってはならない	● 使者である労働者の家族への支払い ● 派遣先の使用者を通じての支払い
❸全額払い	労働者への貸付金その他のものを控除してはならない	● 所得税、住民税、社会保険料の控除 **書面による労使協定が必要** ● 組合費、購買代金の控除など
❹毎月1回以上払い	毎月1回以上支払うことが必要	**臨時に支払われる賃金** ● 結婚手当、退職金、賞与など ● 1か月を超えて支払われる精勤手当、勤続手当など
❺一定期日払い	一定の期日に支払うことが必要	

(注1) ①労働者の同意を得ること、
②労働者の指定する本人名義の銀行口座に振り込まれること、
③賃金の全額が所定の支払日に払い出し得ること、
を満たせば、銀行口座への振込みにより支払うことができる。なお、一定の要件を満たす預り金に該当する証券総合口座への賃金の払込みも可能
(注2) 退職金については、労働者の同意を条件に、①銀行振出小切手、②銀行支払保証小切手、③郵便為替により支払うことができる

ついて確実に給与を受けとることができるようにするため、賃金の支払いについて5つのルールを定めています。まとめて賃金支払いの5原則と呼ばれています（前ページ図参照）。
① 通貨払いの原則
② 直接払いの原則
③ 全額払いの原則
④ 毎月1回以上払いの原則
⑤ 一定期日払いの原則

● 最低賃金とは

　賃金の額は使用者と労働者との合意のもとで決定されるものですが、景気の低迷や会社の経営状況の悪化などの事情で、一般的な賃金よりも低い金額を提示する使用者がいないとも限りません。

　そこで、国は最低賃金法を制定し、賃金の最低額を保障することによって労働者の生活の安定を図っています。最低賃金法の対象となるのは労働基準法に定められた労働者であり、パートタイマーやアルバイトも当然に含まれます。また、派遣社員については、派遣先の所在地における最低賃金を満たしているのかどうかが判断されます。たとえば、個別の労働契約で、最低賃金法を下回る賃金を設定していたとしても、その部分は無効であり、最低賃金法が定める賃金額で契約したものとみなされます。もし、最低賃金法を下回る賃金しか支払っていない期間があるのであれば、事業者はさかのぼってその差額を労働者に支払わなければならなくなります。

　ただし、最低賃金法のルールを一律に適用すると、かえって不都合が生じる可能性もあります。そのため、試用期間中の者や、軽易な業務に従事している者、一般の労働者と比べて著しく労働能力の低い労働者などについては、都道府県労働局長の許可を得ることによって、最低賃金額を下回る賃金を設定することが認められています。

7 基本給と諸手当の種類について知っておこう

賃金はいくつかの手当によって構成される

● 基本給とはどんなものなのか

　定期的に支払われる賃金（給与）のベースとなる賃金を**基本給**といいます。

　基本給の決め方には、各労働者の年齢や勤続年数に基づいて決定される属人給、職務内容に基づいて決定される職務給、職務遂行能力に応じて決定される職能給という方法があります。従来の年功序列型の賃金制度の下では、横一列の賃金設計を基本とするため、支給額を決める上では年齢や勤続年数が重要な要素であり、職務や職務遂行能力を加味したとしても、その差がつかないような設計をとっていました。

　ただ、最近は年齢や勤続年数よりも実績や成果で支給額を決める企業が増えてきている状況にあります。能力主義から職務給、職能給を重視するのか、労働者の生活保障的な観点からある程度属人給の要素を残すのか、会社の実情に合わせて設計していくことが必要です。

● 役付手当について

　一般的に役付手当は労働基準法上の管理監督者（管理・監督の地位にある者）に対して支払われる手当です。

　しかし、労働基準法における管理・監督の地位にあるかどうかの判断は難しく、課長職にあっても実態によっては割増賃金を支払わないことが労働基準法違反と判断される可能性もあることから、役職に応じて支給される役付手当を設定する際に、最低でも管理・監督の地位にあるということを明確にしておく必要があります。ただし、役付手当を支払ったとしても、手取りが今まで支払っていた割増賃金よりも

低額になるような場合は、その地位にふさわしい待遇となっていないことになりますので、注意が必要です。

● 精皆勤手当について

　精皆勤手当は、出勤奨励をはかるためのもので、以前は支給している企業も多くありました。しかし、最近では、賞与に含まれている要素と考えられていたり、モチベーション向上には必ずしも役立たないとされ、導入している企業は減少しています。

● 家族手当について

　家族手当は、日本の企業の間では広く普及している手当のひとつです。家族手当を支給する場合においては、①男女問わず一定の条件で支給すること、②家族手当の支給の有無が賞与の支給額に影響しないようにすることなどの点に注意しましょう。

　たとえば、「扶養家族を有する世帯主たる従業員には家族手当を支給する」と定めた場合に、「男性従業員だけ世帯主と認める」との規定を置くことは、女性を理由とする賃金差別となるので許されません。

　次に、家族手当の支給対象となる家族の範囲をあらかじめ定めておきます。一般的には、配偶者と子ということになるでしょう。配偶者については、扶養家族である場合に限ると規定するのがよいでしょう。

　子については、第何子まで支給するのか、その額、支給を止める年齢などを定めておきます。配偶者が扶養家族かどうかの確認に手間がかかるということであれば、子だけを支給対象として計算を簡略化することもできます。

● 住宅手当について

　住宅手当は、割増賃金の算定の基礎から除外されている賃金です。ただし、ここでいう除外賃金となる住宅手当とは、住宅に要する費用

に応じて算定される手当をいい、住宅の賃料額やローン月額の一定割合を支給するもの、賃料額・ローン月額が段階的に増えるにしたがって増加する額を支給するものが対象になります。

たとえば、「賃料の半額を支給する」「賃料10万円以下の者には月額2万円、10万円以上の者については月額3万円支払う」というように定めるものをいいます。

なお、住宅手当や家族手当という名称で支給していても、住宅に要する費用や扶養家族の人数にかかわらず「一定額」を支給するものは、割増賃金算定の基礎となる賃金から除外できません。たとえば、「持ち家居住者には月額1万円、賃貸住宅居住者には月額2万円」「扶養家族の人数にかかわらず一律1万円」というように定めている場合です。その他、最近では、会社の近くに住むことを奨励するため、2駅ルール（会社の最寄駅から2駅以内に在住している場合に一定の住宅手当を支給する）などといった工夫をしている企業もあります。

■ **給与体系の例**

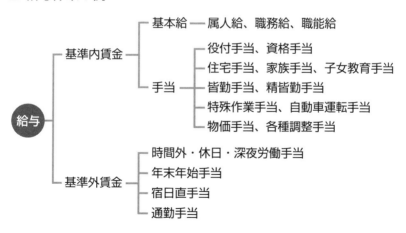

※ 基準内賃金・基準外賃金に明確な定義はありません。
　上記の例は、固定的で毎月決まって支給されるものを基準内賃金としています。

第1章　労働時間・賃金・給与の基本常識

● 資格手当について

特定の資格を有する者に与えるのが資格手当です。会社としてとくに重視している部門に関わる資格について設けるのがよいでしょう。資格手当を設けることで、従業員のスキルアップも奨励することができます。

● 営業手当について

営業手当は、みなし時間外労働の手当（みなし時間外手当）として利用されることが多々ありますが、時間外労働については割増賃金の支払いが要求されるため、割増賃金との関係で問題になります。

営業手当がみなし時間外手当として認められるためには、営業手当が労働基準法に従って計算した割増賃金を下回っていないことや、何時間分の時間外労働の手当であるのかについて双方で確認の上、就業規則、労働契約書等で明示し、みなし時間外手当である旨を明示し、それが他の手当と区別できることなどが最低限必要になってきます。

● 通勤手当について

通勤手当とは、労働者が通勤する際に必要とする費用を、会社が支給するものです。ただし、法的に会社が支給しなければならないものではありません。通勤手当の支給額を定める方法としては、通勤定期券相当額の実費支給が一般的です。実費支給の上限額を設けているケースも多くあります。また、通勤手当を計算する通勤経路は、「会社が認める最も経済的な経路による」というように規定し、「通勤経路に変更があった場合はただちに会社に報告すること」というように規定しておくとよいでしょう。

なお、通勤手当は、平均賃金を算定する際の「賃金の総額」には含まれます。しかし、通勤経路などを問わず「一定額」を支給する場合を除き、割増賃金算定の基礎となる賃金からは除外されます。

● 通勤手当からも給料と同様に所得税を源泉徴収すればよいのか

　役員や社員に通常の給料に加算して支給する通勤手当は、原則として非課税です。したがって、会社としても所得税を源泉徴収する必要はありません。ただし、通勤費がどれほど高額でもまったく税金がかからないというわけではなく、非課税限度額が設定されています。

　電車やバスなどの交通機関を利用して通勤している場合、非課税となる金額は「1か月あたりの合理的な運賃等の額」です。合理的な運賃等の額とは、経済的で最も合理的な経路で通勤した場合の通勤定期券などの金額です。ただし、その金額が15万円を超える場合には、1か月当たり15万円が非課税限度額となります。一方、マイカーや自転車などを使って通勤している場合、片道の通勤距離に応じて下表のように定められています。非課税限度額を超える部分の金額は、通勤手当や通勤定期券などを支給した月の給与の額に上乗せして所得税の源泉徴収を行います。

■ 通勤費の非課税限度額（1か月あたり）

区分			非課税限度額
1	交通機関を利用している場合		
	a	支給する通勤手当	1か月当たりの合理的な運賃等の額
	b	支給する通勤用定期券・乗車券	（最高限度15万円。平成28年時点）
2	マイカーや自転車などを利用している場合		
	（片道の通勤距離）		
	2ｋｍ未満		全額課税
	2ｋｍ以上10ｋｍ未満		4,200円
	10ｋｍ以上15ｋｍ未満		7,100円
	15ｋｍ以上25ｋｍ未満		12,900円
	25ｋｍ以上35ｋｍ未満		18,700円
	35ｋｍ以上45ｋｍ未満		24,400円
	45ｋｍ以上55ｋｍ未満		28,000円
	55ｋｍ以上		31,600円

8 手当の算出には平均賃金を使う

休業手当や解雇予告手当などの算定の基準になる

● 平均賃金とは何か

「賃金」は労働者が働いたことへの対価として使用者から支払われるものです。一方、有給休暇を取得した場合や、労災事故などによって休業した場合など、何らかの事情で労働しなかった期間であっても、賃金が支払われることがあります。この場合、その期間の賃金の額は会社側が一方的に決めるのではなく、労働基準法の規定に基づいて1日の賃金額を算出し、これに期間中の日数を乗じた額とすることになっています。その基準となる1日の賃金額を、**平均賃金**と呼びます。

労働基準法12条によると、平均賃金の算出方法は「これを算定すべき事由の発生した日以前3か月間にその労働者に対し支払われた賃金の総額を、その期間の総日数で除した金額」とされています。これは、できるだけ直近の賃金額から平均賃金を算定することによって、労働者の収入の変動幅を少なくするためです。

たとえば、機械の故障や業績不振など、使用者側の事情で労働者を休業させる場合、使用者は休業期間中、労働者にその平均賃金の100分の60以上を休業手当として支給します（同法26条）。年次有給休暇中の労働者に支給する金額についても、就業規則等の定めに従い、平均賃金または所定労働時間労働した場合に支払われる通常の賃金により算定することになります（同法39条）。

平均賃金の基準になる「3か月」とは、暦の上の日数のことです。たとえば月給制で雇用されている人の場合、基本給が支払われますので、おおむね1年間は同額の賃金になるはずです。しかし、実際には、時間外勤務などによる割増や、遅刻や早退による控除などがあります

ので、月々の支給額は変動するのが一般的です。このため、「算定すべき事由の発生した日」を起点として平均賃金を算定するようになっているわけです。

ただし、業務上の傷病による休業期間や育児・介護休業期間などがある場合は、その日数が「3か月」から控除され、その期間内に支払われた賃金額が「賃金の総額」から控除されます（計算基礎から除外する期間・賃金、40ページ図）。

また、算定の対象となる「賃金の総額」には、基本給の他、通勤手当や時間外手当などの手当も含まれますが、臨時に支払われた賃金や3か月を超える期間ごとに支払われた賃金は「賃金の総額」から控除されることになります（賃金総額から除外される賃金、40ページ図）。

● どのような場合に使うのか

平均賃金は、次のような事由が発生した場合に、労働者に対して支払う手当などの金額を算定するために使用されます。

① **解雇を予告するとき**

解雇とは、使用者が行う一方的な意思表示によって、労働者との雇用契約を解消することです。労働者を解雇する際に、30日前に予告をしない場合、使用者は30日分以上の平均賃金を解雇予告手当金として支払うとされています（労働基準法20条）。

② **休業手当を支給するとき**

機械の故障や業績不振など、使用者側の事情で労働者を休業させる場合、使用者は休業期間中、労働者にその平均賃金の100分の60以上の手当を支給するとされています（同法26条）。

③ **年次有給休暇を取得するとき**

労働者が年次有給休暇を取得する場合、使用者は労働者に賃金を支払わなければなりません。その金額は原則として、就業規則等の定めに従い、平均賃金を用いるか、所定労働時間労働した場合に支払わ

れる通常の賃金（賃金を時間単位で定めている場合であれば「時間給×その日の所定労働時間数」、日単位で定めている場合であれば日給）を用いて算定するとされています（同法39条）。なお、過半数組合（過半数組合がない場合は過半数代表者）との書面による協定により、健康保険法の標準報酬日額を支払うことを定めたときは、それを支払わなければなりません。

④ 災害補償をするとき

業務上の負傷や疾病が原因で労働者が休業したり、労働者に後遺障害が残ったりする事態が生じた場合には、使用者が補償を行います。この補償の際に支払われる金額も、平均賃金によって算出します（労働基準法76、77、79〜82条）。

この他、懲戒処分として減給を行う場合に、その額は1回の処分につき平均賃金の1日分の半額を超えてはならず、一賃金支払期（毎月払いの場合は1か月）を合計して賃金総額の10分の1を超えてはならないという制限が設けられています。

● 算定方法の原則ルール

平均賃金は「算定すべき事由の発生した日」以前3か月間に支給された賃金を元に計算するのが原則です。ここでの「3か月間」は、暦の上の日数のことです。たとえば、算定すべき事由の発生した日が10

■ 平均賃金の算出方法の原則

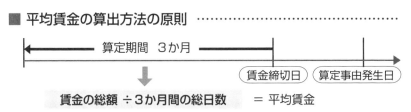

（例）賃金締切日が毎月15日、算定事由発生日が10月1日で、6月〜8月の各25日に合計90万円が支払われていた場合

90万（円）÷91（日）＝9890.1円 ➡ 平均賃金 9890円

月1日である場合には、3か月間は「7月1日〜9月30日」の計92日間ということになります。

しかし、賃金締切日（賃金の締め日）がある場合は、直前の賃金締切日から遡って3か月間に支払われた賃金を元に計算するという例外があります。実際には、この方法で平均賃金を計算するケースが多いでしょう。前ページ図はその具体例で、算定事由発生日の10月1日の直前の賃金締切日が9月15日なので、6月25日、7月25日、8月25日に支払われた賃金の合計額が「賃金の総額」となります。

平均賃金の算定に際し、育児・介護休業期間など「計算基礎から除外する期間・賃金」や、臨時に支払われた賃金など「賃金総額から除外される賃金」がある点は、前述のとおりです（次ページ図）。

● 例外的な場合の算定方法

平均賃金の算定は、前の項目で述べたルールに従うのが原則ですが、次の場合は例外的に別に定めた方法で算定するとされています。

① 雇入れ後3か月に満たない者
② 日々雇い入れられる者（日雇労働者）
③ 「計算基礎から除外する期間・賃金」（次ページ図、試用期間を除く）が算定事由の発生した日以前3か月以上にわたる場合
④ 雇入れの日に算定事由の発生した場合

なお、対象労働者が正社員以外の雇用形態で、週のうち数回勤務する時間給による短時間労働者である場合などは、平均賃金の算定に際して「最低保障額」に注意しなければなりません。最低保障額とは、原則通りに平均賃金を算定すると、その金額が低すぎるため、これを基礎に休業手当などを支給することで、労働者の生活への影響が大きくなる場合に、一定の金額を平均賃金として扱うものです。具体的には、「算定期間中の賃金総額÷その労働者の実労働日数×60％」を平均賃金として用います（次ページ図）。

■ 平均賃金の具体的な計算例

$$\frac{\text{算定事由の発生した日以前3か月間にその労働者に支払われた賃金総額}}{\text{上記の3か月間の総日数}}$$

【「以前3か月間」の意味】

算定事由の発生した日（＊）は含まず、その前日から遡って3か月
賃金締切日がある場合は、直前の賃金締切日から遡って3か月

（＊）「算定事由の発生した日」とは、
　　解雇予告手当の場合「解雇通告した日」
　　休業手当の場合「その休業日の初日」
　　年次有給休暇中の賃金の場合「有給休暇の初日」
　　災害補償の場合「事故発生の日又は疾病の発生が確定した日」
　　減給の制裁の場合「制裁意思が労働者に到達した日」

【計算基礎から除外する期間・賃金】

・業務上の傷病による休業期間
・産前産後の休業期間
・使用者の責めに帰すべき事由による休業期間
・育児・介護休業法による育児・介護休業期間
・試用期間

【賃金総額から除外される賃金】

・臨時に支払われた賃金（結婚祝金、私傷病手当など）
・3か月を超える期間ごとに支払われた賃金（賞与など）
・法令または労働協約に基づかない現物給与

【平均賃金の最低保障額】

日給制、時間給制などの場合、勤務日が少ないと上記の計算式では異常に低くなってしまう場合があるため、最低保障額が定められている。上記計算式の算出額と、次の計算式の算出額を比較し、多い方を平均賃金とする。

・賃金が日給、時間給、出来高給その他の請負制であった場合

$$\frac{\text{3か月間の賃金総額}}{\text{その期間中に労働した日数}} \times \frac{60}{100} \quad \cdots \text{Ⓐ}$$

・賃金の一部が、月給、週給その他一定の期間によって定められた場合
　（月給・週給などと「日給、時間給、出来高給その他の請負制」との併用の場合）

$$\frac{\text{月給・週給等の部分の総額}}{\text{上記の部分の総日数}} + \text{上記Ⓐの金額}$$

・雇入れ後3か月に満たない者の場合

　　　　雇入れ後に支払われた賃金総額÷雇入れ後の期間の総日数

第2章

裁量労働・変形労働時間・フレックスタイム制度のしくみ

1 事業場外みなし労働時間制について知っておこう

労働時間の算定が難しい場合に活用できる

● 事業場外みなし労働時間制とは

　労働基準法は、労働時間の算定が困難な労働者について、**事業場外みなし労働時間制**という制度を採用することを認めています。

　一般にタイムカードの打刻によって、労働時間が管理できる労働者とは異なり、事業場外での勤務を主に行い、労働時間の具体的な管理が難しい事業場外労働者について、労働基準法は、「事業場外（事業場施設の外）で業務に従事した場合において、労働時間を算定しがたいときは、所定労働時間労働したものとみなす」（38条の2第1項本文）と定め、容易な労働時間の算定方法を提示しています。簡単に言うと、事業場外労働者の労働時間について、事業場内で働く他の労働者と同じく、始業時刻から終業時刻まで労働したとみなすものです。

　事業場外のみなし労働時間制の採用が考えられる例として、外勤の営業職や出張中の場合などが挙げられます。

　ただし、労働基準法は、「当該業務を遂行するためには通常所定労働時間を超えて労働することが必要となる場合には、当該業務の遂行に通常必要とされる時間労働したものとみなす」（38条の2第1項但書）とも規定しています。これは、所定労働時間内に終了できない仕事である場合は、始業時刻から終業時刻まで労働したとはみなさず、その仕事をするのに通常必要な時間労働したとみなすことを意味します。

● 事業場外みなし労働時間制を採用するための要件

　事業場外みなし労働時間制を採用するためには、就業規則に規定することが必要です（労働者が常時10人以上の事業場では、所轄労働基

準監督署への届出も必要です)。基本的には事業場外で労働に従事する事業場の労働者すべてが対象に含まれますが、18歳未満の者や請求があった妊婦は対象から除かれます。

また、事業場外で勤務する労働者の労働時間については、前述のように「所定労働時間」であるか、または所定労働時間を超える業務を遂行する場合は「当該業務の遂行に通常必要とされる時間」であるとみなされます。

たとえば、ある営業職の労働者の所定労働時間を「6時間」と規定している企業があったとしましょう。この場合、実際に働いた労働時間が5時間と短くても、反対に7時間と長くても、この労働者が働いた時間は「6時間」であるとみなされます。

一方、所定労働時間が「6時間」であっても、特定の営業行為の遂行に通常必要な時間が「8時間」である場合は、所定労働時間を超えて「当該業務の遂行に通常必要とされる時間」となりますので、この営業行為にあたった労働者は「8時間」労働したとみなされます。「当該業務の遂行に通常必要とされる時間」は、業務の内容に応じて、個別具体的に客観性をもって判断される必要があります。

● 労使協定の締結・届出について

事業場外で勤務する労働者の労働時間について、所定労働時間を超える業務を遂行する場合の「当該業務の遂行に通常必要とされる時間」は、使用者が一方的に決定してしまうと、恣意的な時間(不当に短い時間)になるおそれが否定できません。

そこで、事業場の過半数組合(ない場合は過半数代表者)との間で労使協定(事業場外労働のみなし労働時間を定める労使協定)を締結して、あらかじめ、対象業務、有効期間、「当該業務の遂行に通常必要とされる時間」を取り決めておき、それに基づき就業規則などに規定しておくという運用をとることが可能です。

前述の事例では「当該業務の遂行に通常必要とされる時間」は「8時間」として法定労働時間の範囲内に収まっていましたが、仮に通常必要な時間が「10時間」であるというように、法定労働時間を超過した時間の設定が必要になる場合もあります。この場合に、事業場外労働のみなし労働時間を定める労使協定を締結したときは、その労使協定を所轄労働基準監督署へ届け出なければなりません。届出については、会社が「事業場外労働のみなし労働時間制に関する協定書」（48ページ）を用いて、事業場の所在地を管轄する労働基準監督署に対して行います。なお、現在では窓口にて直接届出（郵送も可能です）を行う他、電子申請の方式によって、労使協定に関する届出を行うことも可能です。

● 適用されないケースもある

外で働く場合であっても、労働時間を算定できるケースがあります。たとえば、労働時間を管理する立場にある上司と同行して外出する場合は、その上司が始業時刻や終業時刻を把握・記録ができるので、会社が「労働時間を算定しがたい」とはいえない状況であって、事業場外みなし労働時間制は適用されません。

また、労働時間を管理する立場にある上司が同行していないとしても、出先の事業場などにおいて、具体的に何時から業務に従事し、それが何時に終了するのかが明確なケースは、事業場外みなし労働時間制を採用することは困難だといえます。

さらに、会社によっては、営業担当の労働者など対し、業務用の携帯電話を貸与することがあります。その場合は、上司などが随時連絡をとり業務を指示することが可能なので、会社が「労働時間を算定しがたい」とはいえず、事業場外みなし労働時間制は適用されません。

その他、出社して上司から当日の訪問先や帰社時刻などの具体的指示を受け、それに従い当日の業務に従事した後に帰社するような場合

も、事前に決められたスケジュールに沿って業務をこなしているだけですので、基本的には事業場外みなし労働時間制は適用されません。

このように、事業場外みなし労働時間制は、使用者が主観的に労働者の労働時間の管理が困難と感じる程度では適用が認められません。

また、労働者と使用者との間で、労働時間の管理が困難であるとの認識が一致している場合であっても、当然に事業場外みなし労働時間制の適用が認められるとは限りません。あくまでも客観的に見て、労働時間の算定が困難な業務内容であると認められることが必要です。判例においては、旅行添乗員の業務内容について、客観的に労働時間の管理が困難とは認められず、事業場外みなし労働時間制の適用が認められなかったケースがあります。

● 事業場外みなし労働時間制の適用範囲は狭くなっている

事業場外みなし労働時間制の適用が認められない場合は、実際に働いた時間を計算して労働時間とします。

現在は通信技術が大幅に進化しており、とりわけGPS機能が搭載された携帯電話やスマートフォンが広く普及しています。そのため、これまで事業場外みなし労働時間制が適用されると考えられていた業務についても、労働者の労働時間を「管理・把握することが困難である」と言い難いケースが増えています。そのため、事業場外みなし労働時間制の適用範囲は確実に狭くなっています。

なお、在宅勤務制度（101ページ）とも関連しますが、在宅で行うテレワークについては、その業務が私生活を営む自宅で行われること、使用者により業務の遂行に対する具体的な指示や、情報通信機器により常に使用者と通信可能な状態ではない場合は、事業場外みなし労働時間制の適用の余地があります。

● 事業場外労働と残業代の支給の有無

　事業場外みなし労働時間制は、事業場外労働の労働時間を所定労働時間または「当該業務の遂行に通常必要とされる時間」（通常必要時間）とみなす制度です。その労働が所定労働時間を超えて労働しなければ業務を遂行できない場合もありますので、所定労働時間を超える業務を遂行する場合の通常必要時間について、労使間で労使協定を結んでおくとよいことは前述のとおりです。

　実際の運用では、たとえば1日の労働時間の全部が事業場外労働である場合、事業場外労働が通常は所定労働時間を超えない場合は「所定労働時間」を労働時間とみなし、通常は所定労働時間を超える場合は「通常必要時間」（労使協定で通常必要時間を定めていた場合はその時間）を労働時間とみなすとしています。

　これによって、時間外手当の計算が簡単になりますが、時間外手当を支払わなくてもよいわけではありません。通常必要時間が1日10時間なら8時間超となるため、1日2時間の残業代を支給することが必要です。このように、定められている労働時間が8時間を超えていれば残業代の支払いが必要になります。

● 事業場外みなし労働時間制を採用する上での注意点

　事業場外みなし労働時間制を採用するためには、労使協定でみなし労働時間を定めた場合、それが8時間以内であれば、労使協定の締結だけでかまいません。しかし、8時間を超えるみなし労働時間を定めた場合は、締結した労使協定を届け出ることが必要となることに注意しなければなりません。

　また、営業担当者の事業所外での労働時間は管理できないとして「営業手当」を支給し、残業代を営業手当に含めている会社もあります。しかし、通常必要時間が8時間を超える場合は、月にどの程度事業所外労働があるかを把握し、「営業手当は〇時間分の残業代を含む」

（固定残業代）という形で就業規則などで明記しておかなければ、別途残業代の支払いが必要です（前ページ）。

なお、事業場外みなし労働時間制は、労働時間について「日ごと」に判断する制度であることを認識する必要があります。とくに、事業場外労働と事業場内での労働が混在する場合は、労働時間の算定に注意が必要です。実際の運用では、「通常必要時間＋事業場内での労働時間」が所定労働時間以内であれば、その「所定労働時間」を労働したとみなします。一方、所定労働時間を超えるときは、「通常必要時間＋事業場内での労働時間」をもって1日の労働時間を算出します。

■ 午後から外回りに出た場合の労働時間の算定

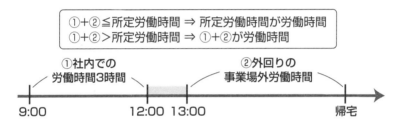

■ 事業場外みなし労働時間制が適用されないケース

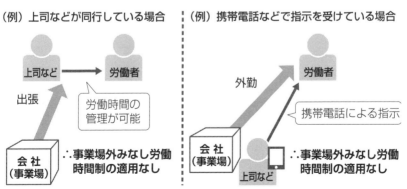

書式　事業場外労働みなし労働時間制に関する協定書

様式第12号（第24条の2第3項関係）

事業場外労働に関する協定届

事業の種類	事業の名称	事業の所在地（電話番号）
衣服・身の回り品卸売業	株式会社　緑商会	〒141-0000　東京都品川区五反田1-2-3 （03-3321-1123）

業務の種類	該当労働者数	1日の所定労働時間	協定で定める時間	協定の有効期間
衣料品、雑貨品の販売	5人	8時間	9時間	平成〇年4月1日から1年間

時間外労働に関する協定の届出年月日	平成〇年3月11日

協定の成立年月日　平成〇 年 3 月 4 日

協定の当事者である労働組合の名称
　　又は労働者の過半数を代表する者の　職名　営業1課（一般職）
　　　　　　　　　　　　　　　　　　氏名　東京　金一

協定の当事者（労働者の過半数を代表する者の場合）の選出方法
（　　　　　　　投票による選挙　　　　　　　　　　）

　平成〇 年 3 月11日　　　　　　職名　株式会社　緑商会
　　　　　　　　　使用者
　　　　　　　　　　　　　　　　氏名　代表取締役　鈴木　太郎 ㊞

品川 労働基準監督署長殿

記載心得
　「時間外労働に関する協定の届出年月日」の欄には、当該事業場における時間外労働に関する協定の届出の年月日（届出をしていない場合はその予定年月日）を記入すること。

2 裁量労働制について知っておこう

労使協定により定めた時間を労働したものとみなす制度

● 裁量労働制とは

　労働者の労働時間を算定するにあたって、原則は、その労働者の実労働時間を基に算定することになります。しかし、業務の中には必ずしも労働の成果が労働時間と関連しない職種もあります。とくに、労働者自身が、業務の遂行について比較的広い裁量が与えられている場合には、その労働者に関して労働時間を「管理する」という概念自体がなじみにくいともいえます。

　そこで、労使協定によって、実際の労働時間と関係なく、労使協定で定めた時間を労働したとみなす制度が設けられています。このような労働を**裁量労働**といい、裁量労働により労働時間を測る方法を**裁量労働制**といいます。裁量労働制には、①労働基準法で定める専門業務に就く労働者について導入可能な専門業務型裁量労働制と、②企業の本社などで企画、立案、調査や分析を行う労働者を対象とした企画業務型裁量労働制の2種類があります。

● 専門業務型裁量労働制とは

　業務の内容が専門的であるという性質上、時間配分などを含めた業務の進行状況など、労働時間の管理について労働者自身にゆだねることが適切である場合に、実労働時間ではなく、みなし労働時間を用いて労働時間の算定を行う制度を**専門業務型裁量労働制**といいます。

　たとえば、専門的な業務に従事する労働者について、所定労働時間を「7時間」と規定しておくと、所定の労働日において、実際には所定労働時間よりも短く働いた場合（5時間など）であっても、反対に、

所定労働時間よりも長く働いた場合（9時間）であっても、所定労働時間の労働に従事した（7時間働いた）ものと扱うということです。
　専門業務型裁量労働制にいう「専門業務」とは、以下の19種類の業務を指します。

---

① 新商品・新技術の研究開発、人文科学・自然科学の研究
② 情報処理システムの分析・設計（プログラミングは裁量性が高い業務とはいえないため、ここでいう専門業務型裁量労働制の対象業務に含まれません）
③ 新聞・出版事業における記事の取材・編集、放送番組制作における取材・編集
④ 衣服、室内装飾、工業製品、広告などのデザイン考案
⑤ 放送番組・映画製作などのプロデューサー、ディレクター
⑥ 広告・宣伝事業の商品などに関するコピーライター
⑦ システムコンサルタント
⑧ インテリアコーディネーター
⑨ ゲーム用ソフトの制作
⑩ 証券アナリスト
⑪ 金融商品の開発
⑫ 大学教授、准教授、講師
⑬ 公認会計士
⑭ 弁護士
⑮ 建築士
⑯ 不動産鑑定士
⑰ 弁理士
⑱ 税理士（税理士資格を持っていない者が税務書類の作成業務を行っても、税理士業務を行ったことにはなりません）
⑲ 中小企業診断士

● 専門業務型裁量労働制を採用するための要件

　専門業務型裁量労働制を導入するには、事業場の過半数の労働者で組織する労働組合（過半数組合）、過半数組合がない場合は事業場の過半数を代表する者（過半数代表者）との間で労使協定を結んだ上で、就業規則で専門業務型裁量労働制に関する事項を定めることが必要です。具体的には、「専門業務型裁量労働制に関する協定書」（57ページ）において、労働時間や休日・休日労働に関する事項などを取り決めておきます。また、労使協定や就業規則は所轄労働基準監督署への届出が必要です（就業規則は常時10人以上の場合に届出が必要です）。

　労使協定では、対象業務をはじめ、下図に挙げている事項について定める必要があります。

　なお、会社の具体的な指示について、業務について細かく指示命令を行うことは該当しますが、業務の期限を定めることや、業務の進行状況について報告を求める程度であれば、具体的な指示には該当しません。また、対象労働者の健康・福祉を確保する措置については、裁量労働制が労働者の裁量を広く認める一方で、労働者が働きすぎに陥る危険があることから、勤務状況を把握して働きすぎの危険を防ぐた

■ 専門業務型裁量労働制を導入する際に労使協定で定める事項 …

1	対象業務の範囲
2	対象労働者の範囲
3	1日のみなし労働時間数
4	業務の遂行方法、時間配分などについて、従事する労働者に具体的な指示をしないこと
5	労使協定の有効期間（3年以内が望ましい）
6	対象業務に従事する労働者の労働時間の状況に応じた健康・福祉確保措置
7	苦情処理に関する措置
8	⑥と⑦の措置に関する労働者ごとの記録を有効期間中と当該有効期間後3年間保存すること

め、これらの措置を取り決めておくことを求めています。

● 専門業務型裁量労働制を採用するメリット

専門業務型裁量労働制を採用することで、労働者側に自由な裁量が認められますので、労働者が働きやすい形態で、業務に取り組むことが可能になります。また、労働者自身が計画的に業務を遂行できるため、結果的に業務の遂行について効率が上がることにもつながります。

一方、みなし労働時間を採用することで、ある程度労働時間に対して必要な経費が見積もることが可能ですので、企業側にとっても、経費の予算を組むことが容易になるというメリットもあります。

● 専門業務型裁量労働制を採用する上での注意点

専門業務型裁量労働制では「みなし労働時間」を用いることができるため、労働者の労働時間の管理が比較的容易になります。労使協定によって、業務遂行に必要な1日の所定労働時間を「みなし労働時間」として定めることが可能で、これは法定労働時間を超える時間でもかまいません。

一方、みなし労働時間が時間外・休日・深夜の労働に該当する部分については、割増賃金の支払いが必要になることに注意が必要です。たとえば、みなし労働時間を9時間と定めている専門業務に従事させた場合は、時間外労働である1時間分の割増賃金の支払いが必要です。

また、専門業務型裁量労働制を採用した場合、会社側は、労働者の労働時間に加えて、その勤務形態の把握自体も難しくなることがあります。会社側が希望する時間帯における労働者の出勤を確保することが保証できず、労働者が希望する場合には深夜主体の勤務形態を認めることにもなりかねません。とくに深夜主体の勤務体系になると、前述のように深夜労働の割増賃金の支払いが必要になるなど、賃金の算定に影響が出る場合がある他、労働者の健康状態にも注意が必要にな

るなど、労使間のトラブルの原因にもなります。そこで、労働者の出社時間に関する事項についても、労使協定で取り決めておきましょう。

● 企画業務型裁量労働制とは

企画業務型裁量労働制とは、事業の運営に関する特定の業務を担う労働者の労働時間について、みなし労働時間を用いて労働時間管理を行う制度をいいます。企画業務型裁量労働制にいう「企画業務」とは、「事業の運営に関する事項についての企画、立案、調査及び分析の業務であって、当該業務の性質上これを適切に遂行するにはその遂行の方法を大幅に労働者の裁量にゆだねる必要があるため、当該業務の遂行の手段及び時間配分の決定等に関し使用者が具体的な指示をしないこととする業務」(労働基準法38条の4第1項)を指します。つまり、企業の事業運営の中枢を担う労働者の労働時間に関する制度だということができます。

● 企画業務型裁量労働制を採用するための要件

企画業務型裁量労働制の対象になる「企画業務」とは、前述した業務のことです。これらの業務の性質上、業務を適切に遂行するためには、業務の遂行方法や労働時間について、労働者自身の裁量にゆだねることが適切だと考えられるため、労働時間について「みなし労働時間」を採用することを認めたということです。

専門業務型裁量労働制と同様に、たとえば、所定労働時間を「6時間」と規定しておくと、所定の労働日において、実際には所定労働時間より短く働いた場合(5時間など)であっても、反対に、所定労働時間よりも長く働いた場合(7時間)であっても、所定労働時間の労働に従事した(6時間働いた)ものと扱われます。

そして、企画業務型裁量労働制の場合には、労働者と使用者の代表で構成する労使委員会(労働者と使用者それぞれが半数いることが必

要です)を設置して、事業場における労働条件に関する事項について調査や審議を行います。その上で、労使委員会が委員の5分の4以上の多数の同意により、対象業務や対象労働者の範囲などを定めて企画業務型裁量労働制の採用を認める旨の決議を行い、これを企画業務型裁量労働制に関する決議届(59ページ)を用いて、所轄労働基準監督署に届け出ることが義務づけられています。この届出により、対象労働者が、労使委員会の決議で定めた時間労働したとみなすことができるという制度になっています。

労使委員会の決議事項は、対象業務や対象労働者の範囲の他、みなし労働時間、労働者の健康・福祉を確保する措置、労働者の苦情処理のための措置、決議の有効期間(3年以内が望ましい)などが挙げられます。

● 労使委員会の決議事項について注意すべき点

対象労働者の範囲については、専門業務型裁量労働制と同様に、対象労働者は、使用者から業務の遂行にあたり具体的な指示を受けていないことが必要です。前述した「企画業務」(対象業務)を担当するすべての労働者が企画業務型裁量労働制の対象となるわけではないことに注意が必要です。つまり、対象業務について使用者から具体的な指示を受けることなく、その対象業務を遂行できる知識や技量が必要だといえます。

一般に職務経験5年以上の労働者であれば、上司などの指示を受けなくても業務の遂行が可能であると判断されます。そのため、とくに新卒者などは、対象業務を担当する部署に在籍していても、企画業務型裁量労働制の対象労働者からは除かれます。

もっとも、対象労働者に含まれる場合であっても、実際に企画業務型裁量労働制を適用するためには、その対象労働者から個別の同意を得る必要があります。

さらに、企画業務型裁量労働制を認める目的として、事業の中枢を担う業務であることが挙げられている点から、適用対象になる事業場は、①本社や本店、②事業の運営について重大な決定が行われる事業場、③本社や本店から独立して事業の運営に必要な重大な事項の決定権限を持つ支社、などに限定される点に留意することが重要です。
　なお、企画業務型裁量労働制を採用後も、使用者は、定期的に6か月以内ごとに1回、企画業務型裁量労働制に関する報告（58ページ）を用いて、労働基準監督署に運用状況を定期報告する義務を負います。

● 企画業務型裁量労働制のメリット

　企画業務型裁量労働制を採用するメリットは、専門業務型裁量労働制のメリットとほぼ同様です。つまり、労働者がもっとも働きやすい形態で、業務に取り組むことが可能で、労働者自身が計画的に業務を

■ 企画業務型裁量労働制の要件

1	対象事業場	②の対象業務が存在する事業場（本社・本店等に限る）
2	対象業務	事業の運営に関する事項（対象事業場の属する企業などにかかる事業の運営に影響を及ぼす事項や、対象事業場にかかる事業の運営に影響を及ぼす独自の事業計画や営業計画をいう）についての企画、立案、調査と分析の業務であって、当該業務の性質上これを適切に遂行するにはその遂行の方法を大幅に労働者の裁量にゆだねる必要があるため、当該業務の遂行の手段と時間配分の決定などに関し使用者が具体的な指示をしないこととする業務
3	決議要件	委員の5分の4以上の多数による合意
4	労使委員会	委員の半数は過半数組合（ない場合は過半数代表者）に任期を定めて指名されていることが必要
5	定期報告事項	対象労働者の労働時間の状況に応じた健康・福祉を確保する措置について報告
6	決議の有効期間	3年以内とすることが望ましい

遂行できるため、結果的に業務の遂行について効率が上がります。また、みなし労働時間を採用することで、ある程度給与に関して必要な支出を見積もることができるため、企業にとっても経費の予算を組むことが容易になるというメリットがあります。

　もっとも、企画業務型裁量労働制については、対象になる業務、労働者、事業場の範囲に制約がある点に注意しなければなりません。

● 企画業務型裁量労働制を採用する上での注意点

　企画業務型裁量労働制を採用することで、みなし労働時間を用いて、労働者の労働時間の管理が比較的容易になる反面、みなし労働時間が時間外・休日・深夜の労働に該当する部分については、専門業務型裁量労働制と同様で、割増賃金の支払いが必要になります。

　また、企画業務型裁量労働制においても、出勤時間や労働者の深夜主体の勤務形態などについては、やや企業の目が行き届きにくいといえます。

　そして、企画業務型裁量労働制の独自の問題点として、労使委員会の設置と決議が必要であること、そして、労働基準監督署に対して、適宜（6か月以内ごとに1回）必要事項の報告などが必要になるため、より手続として煩雑であるという点に注意が必要になります。

● 検討されていた改正点はどうなった

　2018年の通常国会に提出される予定であった労働基準法の改正案には、当初は、企画業務型裁量労働制について、対象業務に「課題解決型提案営業」と「裁量的にPDCAを回す業務」という2類型を追加すること、対象労働者の健康確保措置を充実すること、手続の簡素化を行うことなどが含まれていました。しかし、改正案の基になったデータが不適切であったために、2018年通常国会の労働基準法改正案から、これらの項目は削除されました。

書式 専門業務型裁量労働制に関する協定届

様式第13号（第24条の2の2第4項関係）

専門業務型裁量労働制に関する協定届

事業の種類	事業の名称	事業の所在地（電話番号）
ソフトウェア開発	株式会社○○システム	東京都港区三田丁目○-○（03-0000-0000）

業務の種類	業務の内容	該当労働者数	1日の所定労働時間	協定で定める労働時間	労働者の健康及び福祉を確保するための措置（労働者の労働時間の状況の把握方法）	労働者からの苦情の処理に関して講ずる措置	協定の有効期間
情報処理システムの設計	アプリケーションシステムの設計	8名	6時間30分	8時間	特別健康診断の実施、産業医による管理（IDカードによる把握）	相談室を設置し、個人のプライバシーに配慮して聴き取り・調査を行い、改善策を労使に提示	平成○年○月○日から平成○年○月○日まで

時間外労働に関する協定の届出年月日

協定の成立年月日 平成○年 ○月 ○日

協定の当事者である労働組合の名称又は労働者の過半数を代表する者の 職名 株式会社○○労働組合 委員長
　　　　　　　　　　　　　　　　　　　　　　　　　　　　　　　　　氏名 ○○ ○○

協定の当事者（労働者の過半数を代表する者の場合）の選出方法（ 投票による選挙 ）内に記入すること。

平成○年 ○月 ○日

使用者 職名 株式会社○○システム 代表取締役
　　　　氏名 ○○ ○○ ㊞

三田 労働基準監督署長 殿

記載心得
1 「業務の内容」の欄には、業務の性質上、業務の遂行の方法を大幅に当該業務に従事する労働者の裁量にゆだねる必要がある旨を具体的に記入すること。
2 「労働者の健康及び福祉を確保するために講ずる措置（労働者の労働時間の状況の把握方法）」の欄には、労働基準法第38条の3第1項第4号に規定する措置の内容を具体的に記入するとともに、同号の労働時間の状況の把握方法を具体的に（ ）内に記入すること。
3 「労働者からの苦情の処理に関して講ずる措置」の欄には、労働基準法第38条の3第1項第5号に規定する措置の内容を具体的に記入すること。
4 「時間外労働に関する協定の届出年月日」の欄には、当該事業場における時間外労働に関する協定の届出年月日（届出をしていない場合はその予定年月日）を記入すること。
ただし、協定で定める時間が労働基準法第32条又は第40条の労働時間を超えない場合には記入を要しないこと。

書式　企画業務型裁量労働制に関する報告

様式第13号の4（第24条の2の5第1項関係）

企画業務型裁量労働制に関する報告

報告期間	平成○年1月から　平成○年6月まで

事業の種類	事業の名称	事業の所在地（電話番号）
出版業	新米出版株式会社	豊島区東池袋○-１-○（03-○○○○-××××）

業務の種類	労働者の範囲	労働者数	労働者の労働時間の状況（労働時間の把握方法）	労働者の健康及び福祉を確保する措置の実施状況
経営計画の策定業務	企画部で、入社7年目以上、主事6級	8	平均9時間、最長13時間（ICカード）	特別健康診断の実施（平成○年○月○日実施）、特別休暇の付与
人事計画の策定	人事部で、入社7年目以上、主事6級	7	平均9時間、最長14時間（ICカード）	特別健康診断の実施
			（　　　　　）	
			（　　　　　）	

平成○年 7 月 10 日

池袋 労働基準監督署長　殿

使用者　職名
　　　　氏名　○○　○○　㊞

記載心得
1 「業務の種類」の欄には、労働基準法第38条の4第1項第1号に規定する業務として決議した業務を具体的に記入すること。
2 「労働者の範囲」及び「労働者数」の欄には、労働基準法第38条の4第1項第2号に規定した労働者の範囲及びその数を記入すること。
3 労働者の労働時間の状況の欄には、労働基準法第38条の4第1項第4号に規定する労働時間の状況のうち、平均的なものの及び最長のものの状況を具体的に記入すること。また、労働時間を把握した方法を具体的に（　　）内に記入すること。
4 労働者の健康及び福祉を確保するための措置の実施状況の欄には、労働基準法第38条の4第1項第4号に規定する措置として講じた措置の実施状況を具体的に記入すること。

書式　企画業務型裁量労働制に関する決議届

様式第13号の2（第24条の2の3第1項関係）

企画業務型裁量労働制に関する決議届

事業の種類	事業の名称	事業の所在地（電話番号）	常時使用する労働者数
出版業	新栄出版株式会社	豊島区東池袋○-○-○（○○○○-××××）	20人

業務の種類	業務の範囲（職務経験年数、職能資格等）	労働者数	決議で定める労働時間
企画・立案の業務 調査・分析の業務	勤続5年以上 勤続7年以上	4人 5人	8時間 8時間

労働者の健康及び福祉を確保するために講ずる措置 （労働者の労働時間の状況の把握方法）	健康診断の実施 （タイムカード　　　　　）
労働者からの苦情の処理に関して講ずる措置	苦情窓口の設置を申し出内容について労使委員会への提出
労働者の同意を得なければならないこと及び同意をしなかった労働者に対して解雇その他不利益な取扱いをしてはならないことについての決議の有無	有・無
労働者ごとの、労働時間の状況並びに当該労働者の健康及び福祉を確保するために講じた措置、労働者からの苦情の処理に関して講じた措置並びに労働者の同意それぞれについての記録を保存することについての決議の有無	有・無

決議の年月日	決議の有効期間	運営に関する事項・決議の届出に関する事項・定期に関する事項
○年4月1日	○年4月1日から○年3月31日まで	開催に関する事項、議長の選出に関する事項、決議の方法に関する事項、定期に関する事項

事業場の委員数	委員会の委員					
7人	選挙・指名	氏名	任期	委員会の同意の有無	規程の有無	その他 氏名
	選挙	○○○○	1年		有・無	
	選挙	○○○○	1年			
	指名	○○○○	1年			
	指名	○○○○	1年			
	指名	○○○○	1年			
	指名	○○○○	1年			

委員会の委員の半数について任期を定めて指名した者（労働者の過半数を代表する者の場合）の選出方法	投票による選挙
○年○月○日	

使用者　職名　新栄出版株式会社　代表取締役
氏名　○○○○　㊞

決議は、上記委員の5分の4以上の多数により行われたものであることを証明する。

制作課係長（一般職）
職名　○○○○
氏名　○○○○　㊞

池袋　労働基準監督署長　殿

記載心得
1.「業務の種類」の欄には、労働基準法第38条の4第1項第1号に規定する業務として決議する業務を具体的に記入すること。
2.「業務の範囲（職務経験年数、職能資格等）」の欄には、労働基準法第38条の4第1項第1号に規定する業務について、必要とされる職務経験年数、職能資格等を具体的に記入すること。
3.「決議で定める労働時間」の欄には、労働基準法第38条の4第1項第3号に規定する労働時間として算定する時間を記入すること。
4.「労働者の健康及び福祉を確保するために講ずる措置」の欄には、労働基準法第38条の4第1項第4号に規定する措置の内容を具体的に記入するとともに、同号の「労働時間の状況の把握方法」について（　）内に記入すること。
5.「労働者からの苦情の処理に関して講ずる措置」の欄には、労働基準法第38条の4第1項第5号に規定する措置の内容を具体的に記入すること。
6.「任期を定めて指名した委員」の欄には、労働基準法第38条の4第2項第1号に規定する委員について、労働者の過半数で組織する労働組合がある場合においてはその労働組合、労働者の過半数で組織する労働組合がない場合においては労働者の過半数を代表する者の氏名を記入すること。
7.「運営規程に含まれている事項」の欄は、該当する事項全てを○で囲むこと。

3 特定高度専門業務・成果型労働制について知っておこう

成果による報酬設定システムの導入が検討されている

● 特定高度専門業務・成果型労働制とは

　2018年成立の労働基準法改正で、かねてから制度の是非が大きな議論となっていた**特定高度専門業務・成果型労働制（高度プロフェッショナル制度）**の導入が決まりました（以下「高プロ制度」と省略）。

　高プロ制度は、職務の範囲が明確である年収の高い労働者が、高度な専門的知識を要する業務に従事する場合に、本人の同意や労使委員会の決議などを要件として、時間外・休日・深夜の割増賃金の支払義務などの規定を適用除外した新たな労働時間制度の選択肢となる制度です。時間ではなく成果で評価される働き方を希望する労働者の需要に応えて、その意欲や能力を十分に発揮できるようにすることを目的としています。

　一方、長時間労働が常態化する恐れがあることから、使用者は、高プロ制度の対象労働者に対し、一定の休日を確保するなどの健康確保措置をとる義務を負います。

● 導入するための手続き

　高プロ制度を導入する場合には、その前提として、導入の対象となる事業場において、使用者側と当該事業場の労働者側の双方を構成員とする「労使委員会」を設置しなければなりません。

　その上で、労使委員会がその委員の5分の4以上の多数による議決により、対象業務や対象労働者などの事項に関する決議をして、当該決議を使用者が所轄労働基準監督署に届け出ることが必要です。

　さらに、高プロ制度が適用されることについて、対象労働者から書

面による同意を得ることが求められます。同意をしなかった労働者に対して、解雇その他の不利益な取扱いを行うことは許されません。なお、国会提出後の法案修正によって、高プロ制度の適用を受けて働き初めてからも、その適用を労働者の意思で撤回できる（高プロ制度の適用対象外となる）ことが追加されました。

以上の手続きを経て、対象労働者を事業場の対象業務に就かせたときは、労働時間・休憩・休日・深夜労働に関する規定は、対象労働者については適用されなくなります。

● 労使委員会で決議すべき主な事項

高プロ制度を導入する際に、労使委員会で決議すべき主な事項は、①対象業務の範囲、②対象労働者の範囲、③健康管理時間、④長時間労働防止措置といった事項です。

① **対象業務の範囲**

高プロ制度の対象業務は、高度の専門的知識等が必要で、業務に従事した時間と成果との関連性が強くない業務です。

たとえば、金融商品の開発業務やディーリング業務、アナリストによる企業・市場等の高度な分析業務、コンサルタントの事業・業務の

■ 特定高度専門業務・成果型労働制 ……………………………

特定高度専門業務・成果型労働制（高度プロフェッショナル制度）

対象労働者

・年収約1000万円以上
・対象業務
　⇒高度な専門的知識など

健康確保措置
・年間104日の休日を確保する措置の義務化
・インターバル措置（努力義務）　など

成果型報酬制度の導入
・法定労働時間（1週40時間、1日8時間）、休憩時間、休日、深夜労働に関する労働基準法上の規制の適用対象外　など

企画・運営に関する高度な助言などの業務が念頭に置かれています。

② 対象労働者の範囲

高プロ制度の対象労働者は、使用者との間の書面による合意に基づき職務の範囲が明確に定められており、かつ、年収見込額が基準年間平均給与額の3倍の額を相当程度上回る水準以上（厚生労働省令により年収約1000万円以上となる予定）である労働者です。

③ 健康管理時間

健康管理時間とは、対象労働者が「事業場内に所在していた時間」と「事業場外で業務に従事した場合における労働時間」とを合計した時間のことです。

労使委員会は、健康管理時間の状況に応じて、使用者が講ずるべき対象労働者の健康、福祉確保措置（健康診断の実施など）を決議します。

④ 長時間労働防止措置

労使委員会は、労働者の長時間労働を防止するため、次の3つの措置を使用者がすべて講ずべき旨を決議します。

ⓐ 対象労働者に対し、4週間を通じ4日以上、かつ、1年間を通じ104日以上の休日を与えること。

ⓑ 対象労働者の健康管理時間を把握する措置を講ずること。

ⓒ 対象労働者に24時間につき継続した一定時間以上の休息時間を与えるか、対象労働者の健康管理時間を1か月または3か月につき一定時間を超えない範囲にするなどの措置を講ずること。

● どんな影響が生じ得るのか

高プロ制度では、労働時間ではなく成果で報酬が決定されるため、労働基準法が規定する、①1日8時間、週40時間という労働時間の規制、②6時間を超えて働かせる場合は45分以上の休憩、8時間を超えて働かせる場合は1時間以上の休憩を取らせるという休憩時間の規制、③週1回の休日または4週4回の休日を取らせるという休日の規制に

加えて、④深夜労働に関する規制の適用も除外されます。

　これにより、高プロ制度の対象労働者に対しては、時間外・休日・深夜の各労働に対する割増賃金の支払義務がなくなるため、法案審理にあたっては「残業代ゼロ法案」であると批判が加えられました。

　なお、高プロ制度導入に際しては、対象労働者の年収要件（約1000万円以上）が定められています。具体的な金額は、今後厚生労働省の審議会などの検討を経て、省令で金額が示される予定です。

　もっとも、2018年に成立した労働基準法改正の審議過程では、通常の労働者が1年間に確実に支払われる平均給与額からの倍数により算出するという運用方法が適当であるといわれ、契約期間の上限が5年である「高度の専門的な知識や技術・経験を有する労働者」に関する厚生労働省の告示を参考に検討されました。この告示では、「高度の専門的な知識や技術・経験を有する者」のひとつとして、実務経験5年以上（大卒の場合）の農林水産業の技術者、システムエンジニア、デザイナーなどで、年収が「1075万円以上の者」が挙げられています。そこで、高プロ制度の対象になる労働者についても「1075万円」という金額が一つの指針になっており、上記のように年収1000万円以上の高度な専門知識などを持つ労働者が対象になるという制度設計になっているわけです。

　しかし、厚生労働省は、年収の中に通勤手当が含まれる場合があるとの立場をとっています。たとえば、新幹線などを用いて遠方から通勤している労働者は、収入の内訳として通勤手当に該当する金額が相当な割合におよぶ場合も考えられます。このとき、実質的には年収約1000万円を下回る労働者であっても、通勤手当を含めると約1000万円を超えれば、高プロ制度の対象になるおそれがあります。

　一方、厚生労働省は、諸手当の中でも支払われることが確実であるといえないものは、年収から除外されるとの立場をも示しており、高プロ制度の運用の実態については、不明確な部分が少なくありません。

4 変形労働時間制について知っておこう

法定労働時間内となる労働時間が増えるのがメリット

● 変形労働時間制とは何か

　会社の業種の中には、「土日だけ忙しい」「月末だけ忙しい」「夏だけ忙しい」などのように、時期や季節によって繁閑の差が激しい業種もあります。このような業種の場合、忙しいときは労働時間を長くして、逆に暇なときは労働時間を短くしたり、休日にしたりする方が合理的といえます。そこで考えられたのが**変形労働時間制**です。

　変形労働時間制とは、一定の期間を通じて、平均して「１週40時間（下記①の場合に限り、特例措置対象事業場では44時間）」の範囲内であれば、特定の日や特定の週に「１日８時間、１週40時間（44時間）」を超えて労働させてもよいとする制度です。特例措置対象事業場とは、従業員数が常時10人未満の商業、制作事業を除く映画・演劇業、保健衛生事業、接客・娯楽業の事業場のことで、これらの事業場では１週の法定労働時間が44時間となります。たとえば、変形労働時間制を採用する単位を４週間（１か月）と定めた場合に、月末に繁忙期を迎える工場について、月末の１週間の所定労働時間が48時間であったとします。このとき、第１週が40時間、第２週が40時間、第３週が32時間の労働時間であれば、４週間の総労働時間は160時間であり、平均すると１週の法定労働時間を超えません（週40時間×４週間＝160時間に等しいため）。このように、一定の期間（ここでは４週間）を平均して１週40時間（44時間）を超えないことが、変形労働時間制の要件のひとつとなります。

　労働基準法が認める変形労働時間制には、次の３類型があります。
① 　１か月単位の変形労働時間制

② 1年単位の変形労働時間制
③ 1週間単位の非定型的変形労働時間制

　満18歳未満の者を変形労働時間制によって労働させることはできないことを原則としています。また、変形労働時間制を採用している企業であっても、妊娠中の女性や出産後1年を経過していない女性が請求した場合には、法定労働時間を超過して働かせることはできません。労働者が育児や介護を担当する者である場合や、職業訓練・教育を受ける場合などには、変形労働時間制を採用する際に、それぞれの事情に応じた時間の確保について配慮する必要があります。

　変形労働時間制のメリットは、業種に合わせた合理的な労働時間を設定できることが挙げられます。また、労働時間が法定労働時間に収まる範囲が広がるので、企業側が残業代を削減できるのも大きなメリットといえます。一方、変形労働時間制のデメリットとしては、個別の労働者ごとに労働時間が異なるため、会社としての一体性を保つことが困難になり、社員のモチベーションや、規律を正すことが困難になる場合があります。また、企業の担当者は、複雑な労働時間の管理等の手続を行わなければなりません。

■ 変形労働時間と時間外労働

【原則】法定労働時間 ⇒ 1日8時間・1週40時間
　　　　∴4週間（1か月）では… 40時間×4週間 ＝ 160時間

【変形時間労働制】（例）単位を4週間（1か月）として月末に忙しい商店の場合

| 【第1週】 | 【第2週】 | 【第3週】 | 【第4週】 |
| ⇒40時間 | ⇒40時間 | ⇒32時間 | ⇒48時間 |

4週間（1か月）を通じて
〈40時間＋40時間＋32時間＋48時間＝160時間〉

∴時間外労働にあたる労働時間は発生しないと扱われる！

1か月単位の変形労働時間制について知っておこう

月単位の平均労働時間が法定労働時間内に収まればよい

● どんな制度なのか

　1か月単位の変形労働時間制とは、1か月以内の一定期間（変形期間または対象期間といいます）を平均して、1週間の労働時間が40時間を超えなければ、特定された日または週に、法定労働時間（原則として1週40時間、1日8時間）を超えて労働させることができる制度です。1年単位の変形労働時間制や1週間単位の非定型的変形時間労働制とは異なり、各週・各日の労働時間については、上限が規定されていません。

　1か月単位の変形労働時間制を導入するとよい企業は、たとえば月初や月末だけ忙しくなる仕事のように1か月の中で仕事量に繁閑のある業種や職種における利用が考えられます。所定の労働時間がもともと短時間に設定されているようなパート社員を多く雇っている企業なども、1か月単位の変形時間労働制を採用することで、効率的な労働時間の管理が可能になるという利点があります。また、職業の性質上、夜勤の制度がある工場や病院などの他、タクシードライバーのような深夜交代制の職種においても、利用される場合が多いといえます。さらに、すべての労働者を1か月単位の変形時間労働制の対象にする必要があるわけではなく、業務量の多寡に応じて、特定の部署や特定の職員に限定して採用することも認められています。たとえば、正社員については採用せず、パート社員限定で、1か月単位の変形労働時間制を採用するという運用方法も可能であると考えられます。

● 就業規則の作成・変更が基本

　1か月単位の変形労働時間制を採用するためには、事業場の労働者

の過半数で組織する労働組合（そのような労働組合がない場合は過半数代表者）との間で労使協定を結ぶか、就業規則の作成・変更によって、1か月以内の一定の期間を平均して1週間あたりの労働時間が法定労働時間（原則は週40時間、特例措置対象事業場は週44時間）を超えないように定めなければなりません。その上で、締結した労使協定または作成・変更した就業規則を所轄労働基準監督署に届け出てから（就業規則の届出は常時10人以上の場合に限ります）、労働時間の管理方法を労働者に周知する必要があります。このように、労使協定を締結しなくても、就業規則の作成・変更の手続によって、1か月単位の変形労働時間制を採用することができるため、企業の負担は比較的少ないともいえます。なお、労使協定を届け出る場合には、1箇月単位の変形労働時間制に関する協定届（72ページ）を用いて、変形期間中の労働時間数や休日に関する事項などを届け出ることになります。

　たとえば、週休2日制（土日が休日）を採用している企業では、月末にかけて業務量が増える業種で採用することが考えられます。仮に業務量が増えた時期に1日10時間の労働が必要な業務であれば、「10時間×5日間＝50時間」が労働時間にあたります。法定労働時間は「1日8時間×5日間＝40時間」ですから、法定労働時間を超える部分（50時間－40時間＝10時間）は時間外労働にあたり、会社は残業代を負担しなければなりません。

■ 1か月単位の変形労働時間制の例

対象期間	労働時間
1週目	30時間
2週目	35時間
3週目	45時間
4週目	50時間
4週間	160時間

3週目と4週目は法定労働時間をオーバーしているが、4週間の労働時間の合計が160時間（40時間×4週）以下なので時間外労働とはならない

一方で、1か月単位の変形労働時間制では、1か月以内の一定期間を平均した1週間あたりの労働時間が法定労働時間内であればよいわけです。「一定期間＝4週間」を例にすると（前ページ図参照）、法定労働時間は「週40時間×4週間＝160時間」です。月末の第4週が平均10時間労働（10時間×5日間＝50時間）だとしても、第1週が平均6時間労働（6時間×5日間＝30時間）、第2週が平均7時間労働（7時間×5日間＝35時間）、第3週が平均9時間労働（9時間×5日間＝45時間）の場合には、4週間の合計労働時間は160時間ですので、平均した1週間あたりの労働時間は法定労働時間内（160時間÷4＝40時間）に収まります。

● **就業規則などに定める事項**

　1か月単位の変形労働時間制を採用するためには、以下の①～⑤の事項について、労使協定または就業規則で定めることが必要です。注意点としては、就業規則による場合は、「各日の始業・終業時刻」（絶対的必要記載事項のひとつです）を定めなければなりません。一方、労使協定による場合は、協定の有効期間を定めなければなりません。また、就業規則や労使協定を事業場の所在地を管轄する労働基準監督署に届け出ることを忘れてはいけません。1か月単位の変形労働時間制を採用する際には、労使協定または就業規則に定める事項をよく確認するようにしましょう。

① 1か月以内の一定期間（変形期間といいます）とその期間の起算日
② 対象労働者の範囲
③ 変形期間の1週間平均の労働時間が40時間（特例措置対象事業場は週44時間）を超えない定め
④ 変形期間における各日・各週の労働時間（所定労働時間）
⑤ 就業規則による場合は各日の始業・終業時刻（労使協定による場合は有効期間の定め）

なお、変形期間における法定労働時間の総枠を超えて、各週の所定労働時間を設定することはできません。

● 1か月単位の変形労働時間制を採用するメリット

変形労働時間制は法定労働時間制の変形ですから、特定の週または特定の日に「1週40時間（特例措置対象事業場は1週44時間）、1日8時間」という法定労働時間を超える労働時間が定められても、超えた部分は時間外労働にはなりません。そのため、企業にとっては、法定労働時間に厳格に縛られることなく、各日や各週の所定労働時間を設定することが可能になります。そして、事業を運営していく上で、繁忙期とそれ以外の期間が比較的明確に分かれている場合には、1か月単位の変形労働時間制を採用することで、閑散期に生じる無駄な人件費を削減できるという効果が期待できます。

1か月単位の変形労働時間制において時間外労働になるのは、各日・各週の所定労働時間（上記④）および法定労働時間の両方を超えた労働時間に限定されます。また、この基準によって時間外労働とされた時間を除き、変形期間の法定労働時間の総枠を超えた時間も時間外労働になる点には注意が必要です。時間外労働にあたる以上、当然ですが割増賃金の支払いが必要です。

以上の点に注意すれば、基本的には繁閑に合わせた労働時間を設定しているため、時間外労働の割増賃金を支払うべき場面を極力回避することが可能になります。これは、企業が1か月単位の変形労働時間制を採用する上での最大のメリットということができます。

このように、事前に繁閑に応じた労働時間の管理を計画的に設定しておくことで、ムダな賃金支払をカットできるとともに、事業の繁閑に合わせて適切な人材を確保することにもつながるため、効率的に事業運営を展開することが可能です。

● 1か月単位の変形労働時間制の運用方法

1か月単位の変形労働時間制の変形期間（対象期間ともいいます）は1か月以下であればよく、1か月に限定されるわけではないので、「4週間」「3週間」といった変形期間であってもかまいません。もっとも、労働者の労働時間管理を月単位で管理している企業が多いため、実際には変形期間を1か月に設定している企業が多いといえます。

変形期間における法定労働時間の総枠は「1週間の法定労働時間×変形期間の日数÷7」という計算式によって求めます。

たとえば、変形期間を1か月としている事業場で、1週の法定労働時間が40時間（特例措置対象事業場は44時間です）とします。

この場合、1か月が30日の月の法定労働時間の総枠は171.4時間（＝40時間×30日÷7）です（特例措置対象事業場は188.5時間）。1か月が31日の月の場合は、総枠が177.1時間（＝40時間×31日÷7、特例措置事業対象事業場は194.8時間）、1か月が28日の月の場合は、総枠が160時間（＝40時間×28日÷7、特例措置対象事業場は176時間）となります。

● 1か月単位の変形労働時間制を採用する上での注意点

1か月単位の変形労働時間制を採用することで、企業にとっては無駄な時間外労働を削減できるため、効率的な事業運営が可能になるというメリットがあることは、すでに見てきたとおりです。企業が1か月単位の変形労働時間制を採用して、そのメリットを受けるためには、事前に変形期間における所定労働時間を具体的に特定しておかなければなりません。所定労働時間の配分があまりにも不定期な形態になってしまうと、労働者が日々発生する労働時間の変遷について、あらかじめ見積もることができず、場合によっては労働者の生活に影響を与えるおそれがあるためです。そのため、各週や各日の所定労働時間について、あらかじめ労使協定や就業規則で具体的に定めておくことが

要求されます。そのため、使用者が変形期間の起算日（初日）の数日前になってシフト表を新たに作成して労働者に配布する場合や、「事業の都合上、1週間の平均労働時間が35時間以内となる範囲で就業させることがある」と定めるだけの場合は、事前の具体的な特定が行われているとはいえません。

　また、変形期間を途中で変更することは原則として許されず（下図参照）事前に定めておいた各日・各週の所定労働時間について繁閑の予想と実態が異なったとしても、直前で変更することも認められません。ただし、労使協定や就業規則にあらかじめ根拠が示され、労働者側から見て、所定労働時間の変更について予測可能だといえる程度に、所定労働時間の変更事由が具体的に定められている場合には、例外的に所定労働時間の変更が許されることもあります。

　以上のように、繁閑の予想が難しく労働時間のシフト表が頻繁に変更される企業では、計画的な労働時間を管理する制度づくりを期待することが難しく、1か月単位の変形労働時間制が十分に機能しないおそれがあることに注意する必要があります。

■ **1か月単位の変形時間労働制における労働時間の変更** ………

【シフト表】

月	火	水	木	金	土	日
1日 ⑦	2日 休日	3日 ⑥	4日 休日	5日 ⑦	6日 ⑥	7日 ⑦
8日 ⑦	9日 休日	10日 ⑥→⑧	11日 休日	12日 ⑦	13日 ⑥→⑧	14日 ⑦
15日 ⑨	16日 休日	17日 ⑩	18日 ⑨	19日 ⑨	20日 ⑩	21日 ⑨
22日 ⑨	23日 休日	24日 ⑩	25日 ⑨	26日 ⑨	27日 ⑩	28日 ⑨
29日 ⑧	30日 休日	31日 ⑧				

※○内の数字は労働時間を表す

〔労働時間〕

⇒ **22日間で176時間**

∴週平均40時間に収まる

（例）10日と13日の労働時間を6時間から8時間などに変更できない

⇒ **変形時間の途中での変更は原則許されない**

∴事前に全労働日の労働時間を労働者に通知する

書式　1か月単位の変形労働時間制に関する協定届

様式第3号の2（第12条の2の2関係）

1箇月単位の変形労働時間制に関する協定届

事業の種類	事業の名称	事業の所在地（電話番号）	常時使用する労働者数
衣服・身の回り品卸売業	株式会社　緑商会	〒141-0000　東京都品川区五反田1-2-3 （03-3321-1123）	15人

業務の種類	該当労働者数 （満18歳未満の者）	変形期間 （起算日）	変形期間中の各日及び各週の 労働時間並びに所定休日	協定の有効期間
衣料品、雑貨品の販売	10人	1箇月 （平成26年4月1日）	別紙	平成〇年4月1日から 1年間

	労働時間が最も長い日の労働時間 （満18歳未満の者）	労働時間が最も長い週の労働時間 （満18歳未満の者）	
	10時間00分 （　　時間　　分）	44時間00分 （　　時間　　分）	

協定の成立年月日　平成〇年3月4日

協定の当事者である労働組合の名称又は労働者の過半数を代表する者の　職名　営業1課（一般職）
　　　　　　　　　　　　　　　　　　　　　　　　　　　　　　　　　氏名　金一

協定の当事者（労働者の過半数を代表する者の場合）の選出方法　（投票による選挙　　　　　　）

平成〇年3月11日
　　　　　　　　　　　　　　使用者　職名　株式会社　緑商会　代表取締役　鈴木　太郎　㊞

品川労働基準監督署長殿

記載心得
1　法第60条第3項第2号の規定に基づき満18歳未満の者に変形労働時間制を適用する場合には、「該当労働者数」、「労働時間が最も長い日の労働時間」及び「労働時間が最も長い週の労働時間」の各欄に括弧書きすること。
2　「変形期間」の欄には、当該変形労働時間制における通算の期間の起算日を記入すること。
3　変形期間中の各日及び各週の労働時間並びに所定休日の欄中に当該事項を記入しきれない場合には、別紙に記載して添付すること。

6 1年単位の変形労働時間制について知っておこう

1か月超1年以内の期間を単位として労使協定などで設定する制度

● どんな制度なのか

　業種によっては、夏に消費者の需要が集中していて、その間は忙しいものの、それを過ぎればグンと仕事量が減ってしまうなど、年単位で繁閑の差が大きく生じる事業があります。たとえば、季節ごとに商戦の時期が基本的に固定されているデパートや、ジューンブライドに代表されるように、年単位で繁忙期がある程度予測できる結婚式場などです。このような事業のために、1か月を超え1年以内の期間を単位として、それぞれの事業場の業務形態にあわせた所定労働時間を設定することを可能にしたのが**1年単位の変形労働時間制**です。つまり、1か月超1年以内の中で設定した対象期間における労働時間の平均が1週間あたり40時間（ただし1日10時間以内、1週52時間以内などの制限があります。75ページ図参照）を超えない範囲で、特定の週や日において法定労働時間（1週40時間、1日8時間）を超えて労働者を労働させることが認められています。そのため、企業の業種に応じて、比較的自由な労働時間の管理を認めるための制度だといえます。

　なお、週40時間の法定労働時間については、特例措置対象事業場では週44時間による運用が認められていますが、1年単位の変形労働時間制を採用する場合は、この特例が適用されませんので注意しましょう。

　なお、企業全体で1年単位の変形労働時間制を採用することができることはもちろんですが、正社員に限定して採用することや、担当する部門（営業などの担当部署）ごとに採用することも可能である点も特徴として挙げることができます。

● 1年単位の変形労働時間制を採用するための要件

　1年単位の変形労働時間制を採用するためには、事業場の労働者の過半数で組織する労働組合（労働組合がない場合は過半数代表者）との間で締結する労使協定で、一定の事項を定めなければなりません。

　さらに、締結した労使協定は事業場の住所地を管轄する労働基準監督署に提出する必要があります。1年単位の変形時間労働制は、労働時間が変形する期間が長期間に及ぶため、就業規則で定めるだけでは、この制度を採用することができません。必ず労使協定の締結・届出をしなければならないことに注意が必要です。届出の際には、1年単位の変形労働時間制に関する協定届（79ページ）の書式に、変形する期間中の労働時間や休日に関する事項などについて記載の上で、届け出ることになります。

　常時10人以上の労働者が従事する事業場においては、就業規則に1年単位の変形労働時間制を採用する旨を明記するとともに、所轄労働基準監督署に就業規則の作成・変更の届出が必要になります。労使協定で定める事項としては、以下のものがあります。

① 　対象労働者の範囲
② 　対象期間
③ 　特定期間
④ 　対象期間における労働日と労働日ごとの労働時間
⑤ 　対象期間の起算日
⑥ 　労使協定の有効期間

　①の対象労働者の範囲に制限はありません。ただし、対象期間の途中で退職した労働者については、変形労働時間制が採用される対象期間中に、その労働者が実際に労働に従事した時間に基づき、週平均の労働時間がどの程度になるかを計算する必要があります。労働時間を計算した結果、週の平均労働時間が40時間を超えている場合には、割増賃金を支払わなければならないことに注意が必要です。

これに対し、週平均の労働時間が40時間に満たない場合に、それに応じて賃金を差し引くことは認められません（下図参照）。また、対象期間の途中で入社した労働者についても、割増賃金の支払いが必要になる場合があります。

　②の対象期間は１か月を超え１年以内の期間になります。事業場の事情にあわせて、たとえば、３か月、10か月、120日といった期間を自由に設定することができます。

　③の特定期間は、対象期間の中でとくに業務が忙しくなる期間のことです。ただし、対象期間中のすべての期間を特定期間として扱うという運用は認められていません。

　④については、労使協定の中で対象期間のすべての日の労働時間をあらかじめ定めておくのが原則です。ただ、対象期間を１か月以上の期間ごとに区分する場合には、次の事項を定めておくことで足ります。

ⓐ　最初の期間（対象期間の初日の属する期間）の労働日と労働日ごとの労働時間

ⓑ　最初の期間以外の各期間における労働日数と総労働時間

　なお、最初の期間を除く各期間については、各期間の初日の少なく

■ 途中入社・退職者の扱い

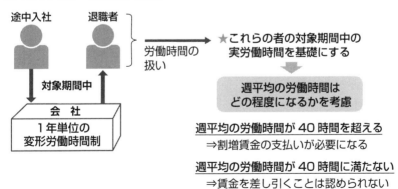

とも30日前に、事業場の過半数組合（過半数組合がない場合は過半数代表者）の同意を得て、各期間の労働日と労働日ごとの労働時間を書面にて特定する必要があります。

対象期間が長く、事前に先々の業務の繁閑の程度を予測できない場合は、3か月以上の期間で区切って、最初の期間の所定労働日ごとに労働時間を決め、残りの期間については労働日と総労働時間を定めておくという方法も許されます。

◉ 労働時間には上限がある

1年単位の変形労働時間制には、対象期間中の労働日数と労働時間について上限があります。労働日数については、1年あたり280日が限度となります。

労働時間については、対象期間の長さに関係なく、1日あたり10時間、1週あたり52時間が限度になります。ただし、隔日勤務のタクシードライバーの場合は、1日あたり16時間が限度となります。

1年単位の変形労働時間制は、対象期間が比較的長期に渡るため、法定労働時間を超える労働時間が強いられる期間が長く認められてしまうと、労働者の疲弊を招きます。そのため、1か月単位の変形労働時間制や1週間単位の非定型的変形労働時間制に比べて、労働時間に関する規制が厳格になされているという特徴があります。具体的には、対象期間が3か月を超えるときは、対象期間中の労働時間が48時間を超える週が連続する週数が3以下であり、対象期間を初日から3か月ごとに区切った各期間において労働時間が48時間を超える週の初日の数が3以下である、という制限があります。ただし、積雪地域の建設業の屋外労働者などは、この制限が及びません（1日あたり10時間、1週あたり52時間の限度を遵守すればよいことになります）。

また、対象期間において連続して労働させることができる日数は6日が限度です。ただし、特定期間は1週間に1日の休日が確保できれ

ばよいため、最長で連続12日間労働させることができます。

　なお、1年単位の変形労働時間制を採用している事業場に予期しない事情が生じ、やむを得ず休日の振替えを行わなければならない場合、同じ週内に限り休日の振替えを行うことができます。これは1週あたり1回の休日を確保するという週休制の原則に基づきます。予期しない事情があっても、異なる週に休日を振り替えることはできません。

　以上のような労働時間の上限を超える労働は時間外労働（または休日労働）となりますので、割増賃金を支払うあります（下図参照）。①1日単位では労使協定で定めた労働時間（8時間以内を定めた場合は8時間）を超える労働時間、②1週単位では労使協定で定めた労働時間（40時間以内を定めた場合は40時間）を超える労働時間、③対象期間全体では平均して1週40時間の範囲内（法定労働時間総枠）を超える労働時間が、それぞれ時間外労働となります。

● 1年単位の変形労働時間制を採用するメリット

　1年単位の変形労働時間制を採用するメリットとしては、労働時間を効率的に活用できるようになり、同時に労働時間の短縮も図ることができることが挙げられます。

　つまり、年単位を通じて、繁忙期と閑散期が明確に分かれるような業種において、時期に応じて労働時間を変更することができます。そのため、とくに閑散期における無駄な人件費を削減できるとともに、

■ 1年単位の変形労働時間制

● 対象期間における労働日数・労働時間の総枠

280日 × 対象期間の日数 ÷ 365

〈 労働時間の総枠 〉

1日10時間以内、1週52時間以内、連続6日間（原則）

事前に予測される繁忙期においても、時間外労働として割増賃金の支払いが必要になる場面を限定することが可能になります。

とくに業種の特色としてシーズンが影響する事業場において、1年単位の変形労働時間制はとくに機能すると考えられます。たとえば、スキー場のように夏場は明らかな閑散期である一方、冬場のスキーシーズンを迎えた時期に、極端に繁忙期が集中しているような事業について、1年単位の変形労働時間制が機能することが期待されています。他にもリゾートホテルなどでの導入が想定されています。

● 1年単位の変形労働時間制を採用する上での注意点

1年単位の変形労働時間制を採用する際には、過半数組合（ない場合は過半数代表者）との労使協定の締結と、所轄労働基準監督署への届出などの手続が必要です。また、対象期間を1か月以上の期間ごとに区分する場合は、当該期間の初日の30日前までに、過半数組合（ない場合は過半数代表者）の同意を得た上で、シフト表などの書面を作成し、労働日と労働日ごとの労働時間を労働者に示さなければなりません。さらに、対象期間中に生じた退職者や入社者は、労働時間の計算方法が複雑となり、割増賃金の支払の要否について注意が必要になることは、すでに見てきたとおりです（前ページ図）。

1年間の繁閑期をはじめとする、事業の大体のスケジュールが固定しているような業種では、比較的容易に1年単位の変形労働時間制を採用することが可能で、企業にとってメリットの多いシステムだということができます。しかし、年間を通じて繁閑期の予測が難しく、頻繁に労働者のシフトが変更になる業種においては、1年単位の変形労働時間制を採用することが必ずしも容易ではなく、かえって企業にとって負担になる場合も考えられるため、制度の導入には慎重な検討が必要になります。

書式　1年単位の変形労働時間制に関する協定届

様式第4号（第12条の4第6項関係）

1年単位の変形労働時間制に関する協定届

事業の種類	事業の名称	事業の所在地（電話番号）	常時使用する労働者数
自動車製造業	○○自動車工業株式会社	○○市○○町4-3-2　電話○○○-○○○○	120人

該当労働者数 （満18歳未満の者）	対象期間及び特定期間 （起算日）	対象期間中の各日及び各週の 労働時間並びに所定休日	対象期間中の1週間の平均労働時間数	協定の有効期間
30人 （　　人）	1年（平成○年4月1日） 特定期間12月1日から12月31日まで	（別紙）	38時間　30分	平成○年4月1日 から一年間

労働時間が最も長い日の労働時間数 （満18歳未満の者）	労働時間が最も長い週の労働時間数 （満18歳未満の者）	対象期間中の労働日数	対象期間中の総労働日数
9時間　00分 （　時間　　分）	49時間　00分 （　時間　　分）		269日

労働時間が48時間を超える週の最長連続週数	対象期間中の最も長い連続労働日数	6日間
3週		

対象期間中の労働時間が48時間を超える週数	特定期間中の最長連続労働日数	10日間
11週		

旧協定の対象期間	旧協定の労働時間が最も長い日の労働時間数	9時間　00分
1年	旧協定の対象期間中の総労働時間数	270

協定の当事者である労働組合の名称又は労働者の過半数を代表する者の　職名　○○自動車工業株式会社　営業部主任（一般職）
氏名　○○　○○

協定の当事者（労働者の過半数を代表する者の場合）の選出方法（ 投票による選挙 ）

投票者　○○自動車工業株式会社　代表取締役
氏名　×× ××　　　㊞

協定の成立年月日　　平成○年○月○日

平成○年○月○日

○○　労働基準監督署長　殿

記載心得
1 法第60条第3項第2号の規定に基づき満18歳未満の者に変形労働時間制を適用する場合には、該当労働者数、「労働時間が最も長い日の労働時間数」及び「労働時間が最も長い週の労働時間数」の各欄に括弧書きすること。
2 「対象期間及び特定期間」の欄のうち、対象期間については当該変形労働時間制における時間通算の期間の単位を記入し、その起算日を括弧書きすること。
3 「対象期間中の各日及び各週の労働時間並びに所定休日」については、別紙に記載して添付すること。
4 「旧協定」とは、規則第12条の4第3項に規定するものであること。

第2章　裁量労働・変形労働時間・フレックスタイム制度のしくみ

1週間単位の非定型的変形労働時間制について知っておこう

各労働日ではなく1週間単位で所定労働時間を設定する制度

● どんな制度なのか

　旅館や料理店、行楽地にある売店などのように、日ごとに繁閑の大きな差があり、就業規則などで各日の労働時間を特定することが困難な事業の場合、1週間を単位として所定労働時間を調整できるとした方が効率的です。そこで、小売業など接客を伴う常時30人未満の限定された事業場では、1週間の所定労働時間が40時間以内（特例措置対象事業場も同じです）であれば、1日の労働時間を10時間まで延長できることにしました。この制度が**1週間単位の非定型的変形労働時間制**です。なお、注意が必要なのは常時30人未満の「常時」とは、従業員が常勤であることを要求しているわけではありません。平常時における従業員が、30人未満であればよく、たとえば、従業員の人数が、一時的に32人になってしまったとしても、それが常態化しているのではない場合には、1週間単位の非定型的変形労働制を採用することは可能だということです。

　1週間単位の非定型的変形労働時間制を採用することで、1日あたり10時間、1週間あたり40時間の枠組みの中で、比較的自由に労働時間の設定することが可能になります。

　ただし、1週間単位の非定型的変形労働時間制を採用できるのは、小売業、旅館、料理店、飲食店の事業うち常時30人未満の労働者を使用する事業場に限定されます。これは他の変形労働時間制には見られない特徴です。1週間単位の非定型的変形労働時間制は、日によって繁閑の差が大きい地方の小規模事業者を想定して設計された変形労働時間制だといえます。

● 1週間単位の非定型的変形労働時間制を採用するための要件

　1週間単位の非定型的変形労働時間制を採用するためには、以下の①②の事項について、事業場の労働者の過半数で組織する労働組合（そのような労働組合がない場合は過半数代表者）との間で労使協定を締結し、事業場の住所地を管轄する労働基準監督署に届け出る必要があります。届出の際には、1週間単位の非定型的変形労働時間制に関する協定届（85ページ）の書式に、変形労働時間制の対象の労働者数、その労働者の1週間の所定労働時間数や変形期間を記載の上で、届け出を行います。

① 1週間の所定労働時間を40時間以内で定める
② 1週間に40時間を超えて労働した場合には割増賃金を支払うこと

　なお、1週間単位の非定型的変形労働時間制において、労働者は変則的な勤務が要求されるにもかかわらず、労使協定では1週間を通しての所定労働時間の枠組みを定めることのみが必要とされます（①）。一方、1週間の各日の労働時間（労働日ごとの労働時間）は、その1週間（変形期間）が開始する前に、労働者に書面で通知すれば足り、労使協定で定めることを要しません。

　このように、労働者の負担が比較的大きいことから、1週間単位の非定型的変形労働時間制を就業規則で定めることのみによって採用することを認めていません。労使協定の締結を義務づけていることが、とりわけ小規模事業者には高いハードルになるといわれています。また、1週間単位の非定型的変形労働時間制の採用にあたり、要件を満たしているか否かのチェックは慎重に行いましょう。なぜなら、要件の不備などが判明してしまうと、導入した1週間単位の非定型的変形労働時間制は無効になり、法定労働時間に従って労働時間の再計算などが必要になり、制度の導入により不要であったはずの、残業代などの支払いなどが必要になる場合があるためです。

● 1週間単位の非定型的変形労働時間制の採用例

　1週間単位の非定型的変形労働時間制を採用した場合に、実際の労働者の労働時間はどのようになるか、その具体例を見てみましょう。

　たとえば、ある飲食店は、週末（土曜日・日曜日）は、平日に比べてより多くの集客が見込まれているとします。この場合、平日は多くの客が来店するわけではありませんので、働いている従業員の労働時間を、それほど多く設定する必要がない代わりに、週末はより多くの時間を割いて、働いてほしいことになります。そこで、この飲食店が前述の要件を満たしている場合、1週間単位の非定型的変形労働時間制が役立ちます。

　この飲食店で働く従業員Aが、週6日勤務（水曜日が休日）の労働者である場合を例に、Aについて、1週間単位の非定型的変形労働時間制に基づいて労働時間を設定した場合を表してみましょう。

　まず、平日の前半は、とくに集客が少ないことが見込まれるため、所定労働時間をそれぞれ、以下のように設定します。

ⓐ　月曜日　3時間
ⓑ　火曜日　4時間
ⓒ　水曜日　休日
ⓓ　木曜日　4時間
ⓔ　金曜日　9時間
ⓕ　土曜日　10時間
ⓖ　日曜日　10時間

　以上の設定では、従業員Aについて、後半の曜日は1日8時間労働という法定労働時間を超えています。そのため、本来は、時間外労働にあたる部分について、この飲食店はAに対して、割増賃金を支払う必要があります。しかし、1週間単位の非定型的変形労働時間制とし

て、前述のようにAの労働時間を設定しておくと、たしかに後半の曜日の労働時間は法定労働時間を超えていますが、1日10時間を超えておらず、また、1週間の所定労働時間の合計は、

3時間＋4時間＋4時間＋9時間＋10時間＋10時間＝40時間

となっており、週40時間以内にとどまっています。したがって、Aの労働時間の設定は、有効な1週間単位の非定型的変形労働時間制として認められますので、後半の曜日の法定労働時間を超える部分についても、この飲食店は、Aに対して割増賃金を支払う必要はありません。

◉ 時間外労働はどのように判断するのか

1週間単位の非定型的変形労働時間制においては、所定労働時間を超える労働が1日8時間を超えた場合は、その超えた部分について割増賃金の支払いが必要です。前述の事例で、Aの労働時間がⓔは9時間、ⓕⓖは10時間を超える日が生じた場合は、1週間の労働時間の合計が40時間以内であっても、9時間または10時間を超える部分について、飲食店はAに割増賃金を支払うことが必要です。1週間単位の非定型的労働時間制は、1週間の中で比較的自由に労働時間のやりくり

■ 1週間単位の非定型的変形労働時間制

● 1週間単位の非定型的変形労働時間制を採用するための要件

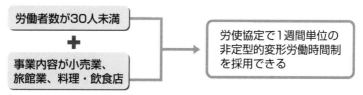

● 1週間単位の非定型的変形労働時間制の例

	日	月	火	水	木	金	土	合計
第1週	6	4	4	定休日	6	10	10	40
第2週	定休日	5	4	6	7	9	9	40

ができますが、日ごとの労働時間（10時間以内）から判断して、割増賃金の支払いが必要になるケースがあることに注意が必要です。

● 1週間単位の非定型的変形労働時間制を採用する際の注意点

　1週間単位の非定型的変形労働時間制においては、1週間単位で労働時間を設定する必要があるため、前述したように、変形期間の開始前（対象の週が始まる前の週の週末まで）に、労働者に書面で各日の労働時間を通知しなければなりません。

　そして、変形期間の開始後に設定した労働時間を変更する必要性が生じたとしても、労働者の予定を狂わせるおそれがあるため、原則として変更は認められません。どうしても変更せざるを得ない事情がある場合には、その前日までに労働者に対して通知する必要性があります。

　このように、1週間単位の非定型的変形労働時間制は、事前に労使協定を結ぶ必要がある他、書面での各日の労働時間の通知が毎週必要になるため、小規模事業者には手間がかかる制度といえます。そのため、実際にはあまり活用されていません。

　また、1週間単位の非定型的変形労働時間制は、従業員数30人未満の小規模事業者を想定した制度ですが、より小規模な事業場、つまり従業員数が常時10人未満の事業場については、特例措置対象事業場として扱われる場合があります。その場合は、1週間の労働時間を44時間まで伸ばしても、法定労働時間の範囲内として扱われ、時間外労働として割増賃金の支払いが不要になります。

　そのため、あえて煩わしい手続を行って、1週間単位の非定型的変形労働時間制を採用するよりも、1週44時間の特例措置の中で労働時間をやりくりする小規模な事業場も多いことから、1週間単位の非定型的変形労働時間制はあまり利用が進んでいないという実態があります。

書式　1週間単位の非定型的変形労働時間制に関する協定届

様式第5号（第12条の5第4項関係）

1週間単位の非定型的変形労働時間制に関する協定届

事業の種類	事業の名称	事業の所在地（電話番号）	常時使用する労働者数
衣服・身の回り品卸売業	株式会社　緑商会　大崎店	〒142-0001 東京都品川区大崎1－20－3　（03-3322-1122）	10人

業務の種類	該当労働者数（満18歳以上の者）	1週間の所定労働時間	変形労働時間制による期間
衣料品、雑貨品の販売	10人	40時間	平成〇年4月1日から1年間

協定の成立年月日　平成〇年 3月 4日

協定の当事者である労働組合の名称
　　　又は労働者の過半数を代表する者の　　職名　大崎店主任（一般職）
　　　　　　　　　　　　　　　　　　　　氏名　神田　花子

協定の当事者（労働者の過半数を代表する者の場合）の選出方法
　　　　　　　　　　　　　　　投票による選挙

　　平成〇年 3月11日
　　　　　　　　　　　　　　職名　株式会社　緑商会
　　　　　　　　　　　使用者
　　　　　　　　　　　　　　氏名　代表取締役　鈴木　太郎　㊞

品川 労働基準監督署長殿

8 フレックスタイム制について知っておこう

清算期間の上限が3か月に延長された

◉ 始業と終業の時刻を選択できる

　労働者が自分で出退勤の時刻を決めることが適しているような事業について有効な制度が**フレックスタイム制**です。フレックスタイム制は、3か月以内の一定の期間（清算期間といいます）内の総労働時間を定めておいて、労働者がその範囲内で各日の始業と終業の時刻を選択することができる制度です。

　2018年の労働基準法改正で、フレックスタイム制の清算期間の上限が1か月から3か月に延長されました。1か月から3か月に延長されることによって、労働者にとって、より柔軟な勤務体系を可能にする制度になることが期待されています。

　フレックスタイム制が、いくら比較的自由に労働時間のやりくりを行うことができるといっても、1か月以内という短期間を単位として決められた労働時間分の労働に満たないときは、賃金がカットされることもあるため、労働者の裁量の範囲は制限されていました。しかし、清算期間が3か月に延長されると、ある特定の月において、労働者の事情により、十分に労働に従事できない場合であっても、他の月にその分の労働時間を振り分けることで、より幅広い裁量の下で、労働者が仕事をこなしていくことが可能になるという効果が期待されています。

◉ コアタイムを設定する場合

　フレックスタイム制を導入する場合、事業場の労働者全員が必ず労働すべき時間帯を設けるのが一般的です。この時間帯を**コアタイム**といいます（次ページ図）。

もっとも、コアタイムを設定しない形でフレックスタイム制を採用することも可能です。また、コアタイムの上限時間もありませんが、コアタイムを定める場合は、必ず労使協定に盛り込む必要があります。
　一方、コアタイムの前後の一定の範囲で、労働者が自由に始業時刻と終業時刻を選択できる時間帯を**フレキシブルタイム**といいます。フレキシブルタイムの中では、労働者は自由に始業・終業を決定できますが、労働者の健康面からも深夜に労働に従事させることは好ましくないため、終業時刻を22時程度に設定している企業が多いのが実情です。

● 割増賃金の支払義務が生じる場合

　フレックスタイム制を採用した場合、割増賃金の支払義務が生じるかどうかは、清算期間が1か月以内であるか、それとも1か月超であるかで取扱いが異なります。

① 清算期間が1か月以内の場合

　清算期間を平均して1週間あたりの労働時間が週40時間（特例措置対象事業場は週44時間）の法定労働時間（10ページ）の枠を超えなければ、1週間または1日の法定労働時間を超えて労働させても割増賃金を支払う必要はありません。しかし、法定労働時間の枠を超過して働いた労働者には、超過分について割増賃金を支払う必要があります。

■ フレックスタイム制度の例

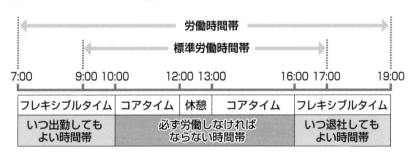

第2章　裁量労働・変形労働時間・フレックスタイム制度のしくみ　87

② 清算期間が1か月超の場合

次の2つの要件を満たす範囲内であれば、1週間または1日の法定労働時間を超えて労働させても割増賃金を支払う必要はありません。

ⓐ 清算期間を平均して1週間あたりの労働時間が法定労働時間の枠を超えないこと。

ⓑ 清算期間を1か月ごとに区分した各期間（最後に1か月に満たない期間が生じた場合はその期間）を平均して1週間当たりの労働時間が50時間以下であること。

これに対し、ⓐⓑの枠のどちらか一方でも超過して働いた労働者には、その超過分について割増賃金を支払う必要があります。

たとえば、清算期間を1か月半とするフレックスタイム制を導入した場合には、ⓐ1か月半を平均した週労働時間が40時間以内、ⓑ「1か月」「半月」の各期間を平均した週労働時間がともに50時間以内、という双方の要件を満たすときに限り、割増賃金を支払う必要がなくなります。

特定の期間に労働時間が偏ることのないように、清算期間が1か月を超えるときは、ⓑの枠を追加して設けているといえます。

● 総労働時間と賃金支払いの関係

後述するように、フレックスタイム制を採用するときは、清算期間における「総労働時間」（労使協定で定めた総枠）を定めます。

そして、清算期間における実際の労働時間が総労働時間を上回っていた場合、過剰した部分の賃金は、その期間の賃金支払日に支払わなければなりません。支払いを翌月に繰り越すことは賃金の全額払いの原則に反する違法行為になります。

逆に、清算期間における実際の労働時間が総労働時間を下回っていた場合、その期間の賃金を支払った上で、不足している労働時間を次の期間に繰り越す（この場合は、不足分を加えた翌月の総労働時間が

法定労働時間の枠を超えると割増賃金の支払いが必要です）こともできますし、その期間内で不足している労働時間分に相当する賃金をカットして支払うこともできます。

● 導入する場合の注意点

　フレックスタイム制を導入する場合には、事業場の過半数組合（ない場合は過半数代表者）との間の労使協定で、①フレックスタイム制が適用される労働者の範囲、②清算期間（3か月以内）、③清算期間内の総労働時間、④標準となる1日の労働時間、⑤コアタイムを定める場合はその時間帯、⑥フレキシブルタイムを定める場合はその時間帯、について定めておくことが必要です。92ページ記載の労使協定（フレックスタイム制度についての協定）では、清算期間が1か月として定められた例を掲載しています。③の総労働時間は1か月単位の変形労働時間制と同じ計算方法によって求めます（70ページ）。たとえば、92ページ記載の労使協定では、1日の標準労働時間を8時間と定めた上で、これに就業日数を乗じた時間を総労働時間とすることが明記されています。

■ 総労働時間と賃金との関係

【フレックスタイム制】
　　⇒ 労使協定により清算期間内の 総労働時間の枠組み の設定が必要

労働者　実労働時間

- 総労働時間を超えていた場合
  ⇒使用者は割増賃金を支払わなければならない
  ※超過部分の賃金は翌月に繰り越すことはできない
- 総労働時間に満たなかった場合
  ⇒翌月に清算することや、不足分の賃金カットが可能

また、締結された労使協定の届出は、清算期間が1か月以内の場合は不要です。しかし、2018年の労働基準法改正で導入された清算期間が1か月超の場合は、所轄労働基準監督署への届出が必要です。
　さらに、フレックスタイム制を導入することを、就業規則などに規定しなければなりません。具体的には、始業・終業時刻について、労働者が自主的な決定にゆだねられていることを明記します（次ページ掲載のフレックスタイム制を導入する場合の就業規則の規定例参照）。

● メリット・デメリットなど

　フレックスタイム制により、労働者は自分の都合で働くことができます。しかし、業務の繁閑にあわせて働いてくれるとは限らず、コアタイム以外は在席を指示できないなど、会社側のデメリットが多くあるため、導入しても廃止する会社もあります。
　また、フレックスタイム制を導入すること自体が困難な業種もあります。たとえば、編集や設計、研究開発等の業種の会社では、フレックスタイム制を採用すると、日常の業務に支障が生じるおそれがあります。フレックスタイム制では、コアタイム以外は従業員のすべてが集合する機会が少なくなりますが、日常の業務が従業員の協同体制によって成り立つ業種では、従業員が連携することで業務を遂行することが前提になるため、そもそもフレックスタイム制を導入することは困難です。会社側としても、フレックスタイム制を活用しようというインセンティブが生まれにくい状況にあります。
　さらに、編集や設計などが典型的ですが、業務量が一定ではなく、一時に入る業務の量が膨大になる場合には、フレックスタイム制を採用してしまうと、業務の遂行が難しくなります。時期における業務の増減について見通しが立たない場合も多いため、コアタイムなども、あらかじめ明確に定めておくことができません。
　日本ではフレックスタイム制が受け容れられにくいといわれていま

す。ある程度自由に労働時間を決定できるというのは、「時間にルーズなことが許されてしまう」などの誤解が生じるおそれがあるため、導入が敬遠される傾向にあります。

■ フレックスタイム制を導入する場合の就業規則の規定例 ……

（フレックスタイム制）
第○条 事業場の一部について、フレックスタイム制により勤務させることがある。対象となる従業員は、次の部門に勤務する従業員とする。
(1) ○○部
(2) ○○部

2　フレックスタイム制の対象となる従業員は、所定労働時間の定めにかかわらず、始業・終業時刻をその自主的決定にゆだねるものとする。ただし、コアタイムは10時から15時とする。

3　清算期間は、毎月1日から末日までとする。

4　1日の標準となる労働時間は8時間とし、清算期間における所定労働日数を乗じた時間を一清算期間における総労働時間とする。

5　休憩時間は、原則12時から13時とする。ただし、必要に応じて自主的決定により変更することができる。

6　清算期間における労働時間が総労働時間を超過した場合は、時間外労働とし、所定の割増賃金を支給する。

7　清算期間における労働時間が総労働時間に達しない場合は、不足時間が8時間までは翌月へ繰越し清算する。ただしこの繰越清算は翌月に限るものとする。不足時間が8時間を超える場合は、賃金を控除する。

8　コアタイムの開始時刻に遅れて出社した場合は遅刻とし、コアタイムの終了時刻前に退社した場合は、早退とする。

9　その他の詳細事項に関しては、必要に応じて労使協定に規定する。

書式 フレックスタイム制度についての協定

フレックスタイム制度についての協定

　新栄出版株式会社（以下「会社」という）と同社従業員の過半数を代表する〇〇〇〇は従業員のフレックスタイム制度に関して、下記のとおり協定する。

1　フレックスタイム制度の適用者は、総合職労働者とし、担当職務の内容・職務遂行に基づき、決定する。
2　フレックスタイム制度の適用対象は、平日における06：00〜19：00とする。
　　平日における上記以外の時間帯（00：00〜06：00、および19：00〜24：00）および休日は、フレックスタイムの適用対象外とする。
3　就業時間を下記のとおり「コアタイム」と「フレキシブルタイム」に区分する。
(1)　コアタイムは特段の事情のない限り、原則として全員が就業すべき時間帯をいう。

就業時間	10：00〜15：00まで
休憩時間	12：00より13：00まで （一斉休憩時間とし、実働時間に算入しない）

(2)　フレキシブルタイムはコアタイム前後の時間帯であり、各人の始終業時刻は次の所定の時間帯の中から本人が選択できる。
　　但し、予定出退勤時刻は、事前に各所属長に申し出るものとする。

始業時間帯	6：00より10：00まで
終業時間帯	15：00より19：00まで

(3) 8：00より17：00までの8時間（通常勤務形態の所定勤務時間）をフレックスタイム制度の適用者においては、標準労働時間と呼称する。

4 フレックスタイム制度の適用者の勤務時間の清算は、毎月1日から当該月末日まで1か月とする。清算期間における所定労働時間については、1日の標準労働時間（8時間）に各月の就業日数を乗じた数を所定労働時間とする。

5 休日に勤務した場合、および平日のフレックスタイム制度の適用対象外の時間帯に勤務した場合は、フレックス労働時間の累計とは切り離し、勤務した日、時間帯により時間外勤務、深夜勤務、休日勤務として現行労働協約によって手当を支給する。

6 清算期間（1か月）における所定就業日のフレックスタイム適用対象（平日06：00～19：00）の実労働時間をフレックス労働時間と呼称することとし、その累計が前述各月の所定労働時間を超過した労働（フレックス時間外数）については、所定の時間外手当を支給する。

　フレックス労働時間の累計が所定労働時間に達しなかった場合でも当該月は基準給与を減額せず支給し、その不足時間分を翌月の所定労働時間に加算するものとする。それでもなお不足時間が発生したときは、不足時間1時間につき基準内給与の160分の1の割合をもって基準内給与を減額する。但し、この不足時間を以て賞与算定の基準とはしない。

7 有給である年次休暇および特別休暇を取得する場合には、休暇取得当日は標準労働時間（8時間）労働したものとみなし、フレックス労働時間に算入する。

　夏季半休を取得する場合には、標準労働時間帯（8：00～17：00）内にて、半休を取得するものとし、フレックス労働時間の付け方は、標準労働時間（8時間）労働したものとして、計算する。

　代休は、フレックスタイム制度の適用者については原則として認

めない。
8　出張中に就業した時間はフレックス労働時間とする。出張中の標準労働時間帯（8：00～17：00）内の移動は、フレックス労働時間とし、標準労働時間帯外の移動時間はフレックス労働時間としない。
9　出退勤時刻がコアタイムに食いこむ場合には、事前に所属長に書面をもって届け出るものとする。

平成○年○月○日

　　　　　　　　　　　使用者職氏名　新栄出版株式会社
　　　　　　　　　　　　　　代表取締役　　○○○○　㊞
　　　　　　　　　　　労働者代表　新栄出版従業員代表
　　　　　　　　　　　　　　編集部　　　　○○○○　㊞

第 3 章

その他の
労働時間の例外

労働時間、休憩、休日の規定が適用除外される労働者とは

事業の種類や労働者の職責、業務態様によっても適用が除外される

● どんな場合に適用が除外されるのか

事業、職責、業務の性質・態様が、法定労働時間や週休制に適さない場合もあります。そこで、労働基準法では、一定の事業、職責、業務については、これらの規定を適用除外（その規定が適用される労働者として取り扱わないこと）としています。ただし、深夜業、年次有給休暇に関する規定は適用されますので注意してください。

・**事業の種類による適用除外**

農業（林業を除く）、畜産、養蚕、水産業に従事する者が該当します。これらの事業は、天候などの自然条件に左右されるため、労働時間などの規制になじまないからです。

・**労働者の職責による適用除外**

管理監督者や機密の事務を取り扱う者が適用除外となります。

管理監督者は、具体的には部長や工場長などが該当します。こうした立場の役職者は、労働条件の決定などの労務管理について、経営者と一体的な立場にあるからです。ただし、単に役職の名称ではなく、職務内容、責任と権限、勤務態様、待遇などを踏まえ、実態に即して管理監督者か否かを判断します。そのため、会社が部長や工場長などの役職を与えていても、裁判所が管理監督者として認めないケースが多くあることに注意が必要です。機密の事務を取り扱う者は、具体的には秘書などが該当します。職務が経営者や管理監督者の活動と一体不可分であり、厳格な労働時間管理になじまないことが理由です。

● 業務の態様による適用除外

監視または断続的労働に従事する者が適用除外されています。

監視に従事する者とは、原則として一定部署で監視することを本来の業務とし、常態として身体や精神的緊張の少ないものをいいます。したがって、交通関係の監視など精神的緊張の高い業務は、適用除外として認められません。

一方、**断続的労働に従事する者**とは、休憩時間は少ないが手待時間（業務が発生したときにはただちに作業を行えるよう待機している時間のこと）の多い者のことです。いずれも対象者の労働密度が通常の労働者よりも低く、労働時間、休憩、休日の規定を適用しないとしても、必ずしも労働者保護に欠けないため適用除外としたものです。

ただし、監視または断続的労働に従事する者の労働の実態は、労働密度の高低を含めて多様であり、1日の労働時間が8時間を大幅に超過する場合や、1週1日の休日もない場合が生じるなど、労働条件に大きな影響を与えます。そこで、業務の態様による適用除外の要件として、所轄労働基準監督署長の許可を求めていることに注意しましょう。

■ 労働基準法上の原則と例外

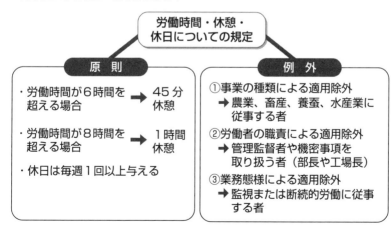

2 年少者の労働時間について知っておこう

1週間につき40時間を超えて労働させることはできない

● 年少者とは

労働基準法では、**年少者**とは、満18歳に満たない者をいい、さらに年少者のうち、満15歳に達した日以後の最初の3月31日が終了するまでの者を児童といいます。つまり、年少者とは18歳未満の者、児童とは義務教育である中学校を卒業するまでの者を指しているわけです。

労働基準法では、原則として、児童を労働者として使用することはできません（56条）。中学校卒業相当の年齢以上でなければ労働させてはならないということです。

例外として、非工業的事業に関する職業で、児童の健康・福祉に有害ではなく、その労働が軽易なものは、所轄労働基準監督署長の許可を受けて、満13歳以上の児童を修学時間外に使用することができます。

なお、映画の制作・演劇の事業については、ILOの国際条約においても子役の就業を認めているため、満13歳未満の児童も、所轄労働基準監督署長の許可を受けて、修学時間外に使用することができます。

● 年少者を就労させる場合の労働時間

「満13歳以上の児童」について、つまり中学生相当年齢の者について上記の許可がなされた場合、児童の労働時間は、修学時間を通算して、1週40時間、1日7時間を超えることはできません。

修学時間とは、当該日の授業開始時刻から同日の最終授業終了時刻までの時間から休憩時間（昼食時間を含む）を除いた時間をいいます。

なお、修学時間のない日曜日に児童を労働させることは、別に修学日に法定の休日が与えられていれば差し支えありません。

一方、「満18歳未満の年少者」については、原則として、時間外労働、休日労働、深夜労働を行わせることはできません。そのため、所定労働時間が1日8時間、1週40時間の事業場では、日曜日から土曜日までの同一週における休日の変更はできますが、他の週への休日の変更はできないことになります。ただし、所轄労働基準監督署長の許可を得て非常災害時の場合に、時間外労働や休日労働をさせることができる（この場合は深夜労働も可能です）などの例外があります。

　また、変形労働時間制やフレックスタイム制も、「満18歳未満の年少者」については適用できないのを原則とします。

● 年少者の例外的な労働時間

　「満18歳未満の年少者」の労働時間の取扱いには例外が2つあります。いずれも「満15歳に達した日以後の最初の3月31日が終了した者であって満18歳未満の年少者」、つまり、中学校卒業相当の年齢以上の年少者が対象です。

　まず、1週間のうち1日の労働時間を4時間以内に短縮することを条件として、他の日の労働時間を10時間まで延長できます。ここでいう他の日とは、他の1日に限るものではありません。たとえば、1週間のうち、土曜日と日曜日を休日とし、月曜日と火曜日の労働時間をそれぞれ6時間、水曜日の労働時間を8時間とした場合には、木曜日と金曜日の2日間について、それぞれ10時間まで労働させることができます。

　もう1つは、週休2日制が採用される中で変形労働時間制に対応することが適当であるため、1週間について48時間、1日について8時間を超えなければ、1か月単位の変形労働時間制や1年単位の変形労働時間制によって労働させることができるというものです。

● 深夜業の扱い

　使用者は、原則として年少者を深夜（午後10時から午前5時まで）の間使用してはいけません。ただし、厚生労働大臣が必要と認める場合には、地域や期間を限定し、午後11時から午前6時までに変更することもできます。ただし、15歳に達した日以後の最初の3月31日が終了していない者、つまり中学校在学相当の年齢以下の児童は、深夜業の禁止時間帯が午後8時から午前5時まで（上記の変更があった場合は午後9時か午前6時まで）となり、規制が厳格になります。

　例外的に年少者が深夜業に従事できる場合として、まず、交替制によって使用する満16歳以上の男性は、深夜業に従事させることができます。次に、交替制によって労働させる事業について、所轄労働基準監督署長の許可を受ければ、午後10時30分まで労働させ、または午前5時30分から労働させることができます。さらに、所轄労働基準監督署長の許可を条件として非常災害時に時間外・休日労働をさせる場合（前ページ）、農林水産業、保健衛生業、電話交換の業務の場合も、年少者の深夜業が認められています。

■ 未成年者と労働時間

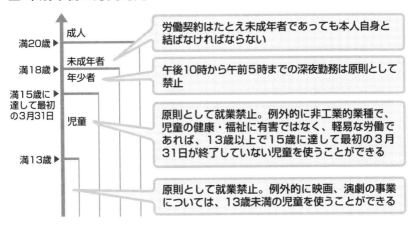

3 在宅勤務と短時間正社員制度について知っておこう

労働者のライフスタイルに応じた柔軟な勤務形態もある

● 在宅勤務制度とは

　在宅勤務制度とは、労働者が、労働時間の全部または一部について、自宅などにおいて、情報通信機器を利用して働く勤務形態をいいます。情報通信機器を利用することで、働く場所や時間を柔軟にする勤務形態を、一般に**テレワーク**といいます。現在、一般の企業に勤務している人が、インターネット等の通信環境を利用して、自宅から業務を行うケースが増えています。国土交通省の「平成26年度テレワーク人口実態調査」によると、自宅でICT（インターネットなどの情報通信技術）を使って仕事をする「在宅型テレワーカー」は、約550万人と推計されています。また、在宅勤務制度は、必ずしも働く場所が自宅に限られるわけではなく、実際に会社が存在する場所とは、遠く離れた場所に設置されている、サテライトオフィスに勤務する形態もあれば、自宅以外の場所において、ノート型PCやタブレット端末を用いて、仕事を行うモバイル勤務の形態もまた、在宅勤務制度に類似した勤務形態として、企業で導入されている例があります。

　在宅勤務制度の対象労働者は、あくまでも使用者との間で、雇用関係があることが前提とされます。また、労働日のすべてを在宅勤務とする他にも、週のうちの数回のみ、もしくは１日のうちの午前中のみを在宅勤務とする、などといったように、部分的に在宅勤務制度を利用させることも可能です。

　そして、在宅勤務制度の対象労働者は、仕事を寝食に用いる自宅で行っていることや、勤務にあたり、勤務の内容はもちろん、勤務全体を通じて、使用者によって常時通信可能な状態であるなど、指示を受

けることが可能な体制になっていない場合には、事業場外みなし労働時間制の適用対象になることがあります。

そして、在宅勤務制度の対象労働者は、仕事を寝食に用いる自宅で行っていることや、勤務にあたり、勤務の内容はもちろん、勤務全体を通じて、使用者によって常時通信可能な状態であるなど、指示を受けることが可能な体制になっていない場合には、事業場外みなし労働時間制の適用対象になることがあります。

● 在宅勤務のメリットとデメリット

少子化・高齢化の進展に伴い、前述のように在宅勤務制度が普及することで、育児や介護と両立して仕事に就くことができます。また、家庭などを職場にすることができるため、仕事に対する集中力が向上し、結果として仕事の効率や生産性が上がることも期待されています。

さらに、災害対策、過疎化といった社会問題に対しても、在宅勤務制度は有効な対策になることが期待されています。つまり災害や介護などにより職場への通勤が困難になっても、在宅勤務のシステムができていれば、社員に自宅で業務を継続させることが可能になります。

また、在宅勤務で使用する機器等は、社員個人が持っている通信環境を用いる場合が多く、在宅勤務の開始で、会社が新たに負担する費用がない場合がほとんどです。会社にとっても、経験を積み重ねてきた優秀な社員を失うことなく業務を継続させることができますし、災害で交通網が分断されたときなどにも、業務を止めずに対応できるといった効果が期待されます。このため、国も在宅勤務の態勢作りを後押ししています。

このように見ると、労使双方にとって、在宅勤務は大きなメリットがある働き方だといえます。しかし、在宅勤務には労務管理が難しいという問題点もあります。自宅で仕事をするとなると、プライベートと仕事の線引きがしにくく、管理者の目が行き届かなくなります。と

くに事前に労働時間などについて大枠の合意をしておかないと、労働者が深夜を中心に仕事を行うことが多くなったために、割増賃金などが発生するなどの問題が生じる場合も考えられます。

　また、在宅勤務制度の生命線ともいえる、情報通信機器の整備に関しても、注意しなければならない点があります。まず、必要な情報通信機器のすべてを、企業側で準備しなければならないとなると、その費用は相当な金額に上ります。しかし、仮に必要な情報通信機器について、労働者が私的に所有している物を利用する場合にも、企業はそれだけで安心してはいけません。なぜなら、企業側で用意した情報通信機器については、企業側が必要であると考えた情報管理体制を統一的に整備することが可能ですが、労働者が所有している物を利用するとなると、情報管理などの点で、すべての労働者の情報通信機器をチェックすることは、負担が大きいというよりも、事実上不可能に近いといえるからです。そのため、情報漏えいのリスクが高いという点について、企業側はしっかり認識を持っておく必要があります。

● どのように管理すればよいのか

　在宅勤務制度を採用する際に、必要な情報通信機器の整備や労働時間はもちろん、業務内容の報告方法や通信にかかる費用の分担、デー

■ **在宅勤務**

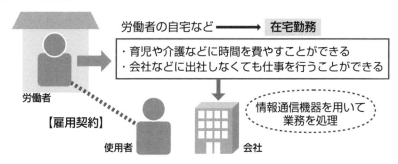

タ管理・情報保護の手順なども、通常の就業規則とは別に在宅勤務規程（107ページ）を置かなければなりません。なお、通信機器の費用負担について、労働者が負担する場合であっても、一定の金額について会社が補助金などを支給するといった運用を行っている例もあります。また、費用負担以外にも、在宅勤務制度の対象の社員と、その他の社員との間で、福利厚生をはじめ、異なる取扱いをする場合にも、在宅勤務規程の中に明示しておくとよいでしょう。

在宅勤務制度を導入する際には、それぞれの会社の事情に合わせた体制作りが不可欠です。たとえば在宅勤務制度のために、新たな労務管理制度の設置体制が整っていない会社は、完全な在宅勤務制度を採用すると大きな負担がかかります。そこで、無理なく採り入れるために、1週間のうちの2日程度を在宅勤務にするなどの工夫をすることで、負担を軽減することができます。

● 短時間正社員制度とは

短時間正社員とは、フルタイムの正社員として働くことが困難な労働者について、処理する業務の質は他の正社員と異ならないのに対し、就労時間が他の正社員よりも短い正規雇用型の労働者を指します。

短時間正社員の特徴として、①期間の定めのない雇用契約（無期労働契約）を締結していること、②時間単位の基本給や賞与、退職金などの算定にあたり同等の業務を担う他の正社員と同様に扱われること、という点を挙げることができます。つまり、短時間正社員制度の対象になる労働者は、あくまでも正社員ですので、派遣社員やパート社員とは明確に区別しなければなりません。

短時間正社員制度も、在宅勤務制度と同様に、育児や介護などによりフルタイムでの勤務が困難な労働者について、正社員として、自身の時間の許す範囲における柔軟な勤務形態を認める制度です。また、より多様な人材を正社員として登用できるようになる点が特徴であり、

たとえば、定年退職後も引き続き雇用を望む高齢者や、パート社員などを対象としたキャリアアップ（正社員として登用する）の一環としてなど、短時間正社員制度の活用方法は多様性があります。

● 短時間正社員制度のメリットとデメリット

我が国においては、かつては正社員はフルタイム勤務が可能な人を対象としてきた傾向が強く、どんなに有能な人物であっても、育児・介護などが原因で、正社員への道を断念せざるを得ない（場合によっては退職せざるを得ない）という状況が長く続いてきました。これによって、労働者の雇用機会を奪うことはもちろん、事情を抱える有能な人材について、企業も手放さざるを得ないという問題点がありました。

これに対して、短時間正社員制度は、処理する業務は正社員と同質であるにもかかわらず、他の正社員よりも短い就労時間での勤務が認められていますので、多様な人材が正社員として勤務することが可能になります。また、とくにパート社員などの非正規雇用型の労働者にとっては、キャリアアップの一環として、通常の正社員とは異なる雇用形態が増えることで、より正社員登用のチャンスが拡大することに

■ 短時間正社員制度

正社員　フルタイム
（例）9:00 始業　　　　　　　　　　18:00 終業

短時間正社員　短時間正社員制度
（例）9:00 始業　　13:00 終業
可能な範囲で仕事を継続できる

育児・介護など　必要な事柄に時間を充てることができる

① 期間の定めのない雇用契約（無期労働契約）を締結していること
② 時間単位の基本給や賞与、退職金などの算定にあたり同等の業務を担う他の正社員と同様に扱われること　→ 担当する業務の質は他の正社員と同様
∴ 派遣社員やパート社員は対象にならない

もつながります。

　そして、企業側にとっても、有能な人材を、短時間正社員制度を通じて確保することができるため、企業全体の生産性や効率が向上するとともに、少子・高齢化が進む我が国において、企業の社会的責任を果たすきっかけとして、短時間正社員制度を位置づけることも可能です。

　もっとも、短時間正社員制度においては、質的にはフルタイムの正社員と同様の条件で、雇用関係を締結するということが原則ですので、他の正社員との物理的な差が不均衡を招くおそれがあります。たとえば、担当する業務の質が同等であっても、就労している時間が絶対的に少ない短時間正社員は、賃金の算定や休憩時間などをめぐり、フルタイムの正社員との間に差が生じます。とくに、実際の就労時間に限らず、一定金額の時間外労働手当金（固定残業手当）などを支給している企業においては、短時間正社員については、一定の割合に基づいて、控除額を設けないと、フルタイムの正社員よりも、過度に有利な雇用条件になりかねません。このように、企業は社員間の不均衡が生じないように留意しつつ、細かな労働条件を練る必要があります。

● どのように管理すればよいのか

　まずは短時間正社員制度導入の目的を明確に定めて、労働者に周知する必要があります。とくに対象労働者を、不必要に限定する制度を採用してしまうと、他の正社員からの理解が得られず、制度がうまく機能しない原因になってしまいます。

　また、労働条件についても綿密に検討する必要があります。あくまでも正社員として登用する制度である以上、成果評価や人事評価の方法について、原則的に他の正社員と同様の基準に従って判断する必要があります。さらに、キャリアアップの方法として、短時間正社員制度を導入する企業については、具体的なキャリアの相互転換に関する規定を、あらかじめ明確に規定しておく必要があります。

書式 在宅勤務規程

在宅勤務規程

第1条（目　的） この在宅勤務規程（以下「本規程」という）は、従業員としての業務とワークスタイルの両立を目指し、一層の就業環境の向上に資するため、在宅で業務を遂行する者の労働条件その他の就業に関する事項を定める。

第2条（定　義） 本規程において「在宅勤務者」とは、在宅勤務（労働時間の全部または一部について、自宅で情報通信機器を用いて行う勤務形態をいう）を行う社員をいう。

第3条（業務の範囲） 在宅勤務にかかる業務の範囲は、次のとおりとする。

(1) ○○処理システムの分析および設計の業務
(2) 企画書の作成の業務
(3) 経理の業務
(4) 前各号の他、会社が必要と認める業務

第4条（適　用） 在宅勤務制度は、以下のいずれかを満たす者に適用する。

(1) 健康上の理由で通勤が困難であると、会社が認めた者
(2) 小学校就学前の子を養育する者
(3) 要介護者と同居する者
(4) その他、会社が在宅勤務の必要があると認めた者

2　前項に該当する者が在宅勤務制度を希望する場合は、次の条件をいずれも満たさなければならない。

(1) 自宅に常時接続の固定回線に接続されたパソコンを所有し、文書情報等の送受信ができる者

(2) 所属長の承認を得た者

第5条（手続き） 在宅勤務を希望する者は、所定の「在宅勤務申請書」に、在宅勤務を必要とする理由等を記入して、所属長に提出し、その承認を得ることとする。

2 　会社は、業務上その他の事由により、在宅勤務の承認を取り消すことができる。

第6条（期　　間） 在宅勤務者の連続期間は、原則として1か月とし、申請に基づき会社が指定する。

2 　前項の期間は、1か月間に〇〇日を限度とする。

第7条（利用終了等） 在宅勤務者が次のいずれかに該当したときは、通常の勤務形態に復帰するものとする。

(1) 指定期間が満了したとき

(2) 指定期間満了前に本人の申請があり会社が認めたとき

(3) 会社から通常勤務への復帰命令がなされたとき

第8条（労働時間等） 1日の勤務時間は、就業規則第〇条（労働時間）の時間を原則とする。

2 　休憩時間については、就業規則第〇条（休憩）の定めるところによる。

3 　前2項にかかわらず、会社の承認を得た場合には、始業時刻、終業時刻、休憩時間の変更を行うことができる。

第9条（休日・休暇） 休日・休暇についての取扱いは、就業規則第〇条の定めるところによる。

第10条（就業場所） 就業場所は、原則として自宅とする。ただし別途指示があった場合、または業務の都合で自宅以外の場所が就業場所となるときは、所定の連絡書を〇〇部に届け出るものとする。

第11条（労働時間の管理）　在宅勤務者は、業務遂行に専念するとともに、効率的な業務遂行、及び自らの労働時間を管理しなければならない。

2　在宅勤務者の労働時間の管理等につき不適切であると認めるときは、会社は、ただちに通常勤務への復帰を命ずることができるものとする。

第12条（報　告）　在宅勤務者は、所定の「在宅勤務業務日報」を所属長に提出し、自己の業務の進捗状況等を会社に報告しなければならない。

第13条（出社命令）　会社は、業務上の必要が生じた場合は、在宅勤務者に出社を命ずることができる。

第14条（情報の取扱い）　会社から業務に必要な資料や機材その他の情報を持ち出す場合には、所属長の許可を得た上で、厳重に管理しなければならない。

2　在宅勤務者は、会社の業務に関する情報や個人情報の漏えい防止措置を講じなければならず、情報管理を徹底しなければならない。

第15条（給　与）　在宅勤務者の給与については、就業規則第○条の定めるところによる。

2　在宅勤務期間中の通勤交通費は支給しない。ただし、第13条の規定により出社した場合は通勤交通費を支給する。

第16条（費用の負担）　在宅勤務に伴って発生する光熱費、通信費等の費用は在宅勤務者本人の負担とする。

2　前項にかかわらず、指示により自宅外勤務が生じた場合の交通費、その他会社が認めた費用については、会社負担とし、「在宅勤務業務日報」で連絡の上復帰時に精算するものとする。

第17条（教育・訓練）　会社は、在宅勤務者に対して、在宅勤務に

必要な教育や訓練を行う。

2　在宅勤務者は、前項の教育や訓練を受けなければならない。

第18条（健康診断等）　会社は在宅勤務者の健康管理に必要な措置として、健康診断等を行う。

2　在宅勤務者は、会社が行う健康診断を受診しなければならない。

第19条（規程の解釈等）　本規程の解釈または運用上の疑義が生じた場合には、人事部長が決定する。

2　在宅勤務に関する事項について、本規定に定めのない事項については、就業規則の定めるところによる。

附　則

本規程は、平成〇〇年〇〇月〇〇日より施行する。

第4章

割増賃金の取扱い

割増賃金について知っておこう

残業などには所定の割増賃金の支払が義務付けられている

● 割増賃金とは

使用者は、労働者の時間外・深夜・休日労働に対して、**割増賃金**の支払義務を負います（労働基準法37条）。

法定労働時間（1日8時間、1週40時間が原則）を超えて労働者を働かせた時間外労働の割増率は25％以上です。ただし、月60時間を超える部分の時間外労働の割増率は50％以上となります（中小企業については2023年4月1日から適用）。

次に、午後10時から午前5時までの深夜労働についても、同様に25％以上です。時間外労働と深夜労働が重なった場合は、2つの割増率を足すので、50％以上の割増率になります。また、法定休日に労働者を働かせた場合は、休日労働として35％以上の割増率になります。休日労働と深夜労働が重なった場合、割増率は60％以上です。

● 代替休暇とは

労働者の健康を確保する観点から、長時間労働の代償として割増分の残業代の支払いではなく、労働者に休暇を付与する方法（代替休暇）もあります。具体的には、労使協定を締結することにより、1か月の時間外労働が60時間を超えた場合、通常の割増率（25％）を上回る部分の割増賃金の支払いに代えて、有給休暇（**代替休暇**）を与えることが認められています。代替休暇は労働者の休息の機会を与えることが目的ですので、付与の単位は1日または半日とされています。なお、通常の割増率の部分については、これまで通り25％以上の割増率による割増賃金の支払いが必要です。

● 代替休暇に関する労使協定で定める事項

代替休暇を付与するには、事業場の過半数組合（ない場合は過半数代表者）との間で代替休暇に関する協定書（114ページ）を締結しなければなりません。労使協定で定める事項として、①代替休暇として付与できる時間数の算定方法、②代替休暇の単位、③代替休暇を付与できる期間、④代替休暇の取得日の決定方法、⑤割増賃金の支払日があります。

①の時間数の算定方法は、1か月の時間外労働時間数から60を差し引いてから、換算率を乗じます。法定通りの割増率であれば、60時間を超えた部分の時間外労働の割増率50%から通常の時間外労働の割増率25%を差し引いた「25%」が換算率です。法定を上回る割増率であれば、60時間を超えた時間外労働の割増率から通常の時間外労働の割増率を差し引いた数値が換算率になります。

③の代替休暇を付与できる期間は、長時間労働をした労働者の休息の機会を与える休暇ですから、時間外労働をした月と近接していなければ意味がありません。そのため、労働基準法施行規則で時間外労働をした月から2か月以内、つまり翌月または翌々月と定めています。労使協定ではこの範囲内で期間を定めます。

■ 割増賃金の支払いと代替休暇の付与

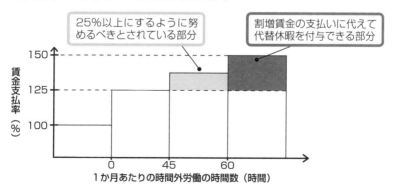

書式　割増賃金の支払いに代えて付与する代替休暇に関する協定書

代替休暇に関する協定書

　日本パソコン株式会社（以下「会社」という）と日本パソコン株式会社従業員代表川野三郎は、就業規則第17条の代替休暇について以下のとおり協定する。

記

1　会社は、別に従業員代表と締結した特別条項付三六協定における、従業員の労働時間として賃金計算期間の初日を起算日とする1か月に60時間を超える時間外労働時間部分（法定外休日労働時間を含む）を、代替休暇として取得させることができる。

2　代替休暇として与えることができる時間数の算定は、次のとおりとする。
（1か月の時間外労働時間数−60）×0.25

3　代替休暇は、半日（4時間）または1日（8時間）単位で与えられる。この場合の半日とは、午前半日休暇（午前8時00分より午後0時00分）または午後半日休暇（午後1時00分より午後5時00分）のそれぞれ4時間のことをいう。

4　代替休暇は、60時間を超える時間外労働時間を行った月の賃金締切日の翌日から起算して、2か月以内に取得させることができる。

5　代替休暇を取得しようとする者は、60時間を超える時間外労働時間を行った月の賃金締切日の翌日から起算して10日以内に人事部労務課に申請するものとする。

6　期日までに前項の申請がない場合は、代替休暇を取得せずに、割増賃金を選択したものとみなす。

7　期日までに前項の申請がなかった者が、第4項の期間内の日を指定して代替休暇の取得を申し出た場合は、会社の承認により、代替休暇を与えることがある。この場合、取得があった月に係る賃金支払日に過払分の賃金を清算するものとする。

8　本協定は、平成○年4月1日より効力を発し、有効期間は1年間とする。

9　会社と従業員は協力し、長時間の時間外労働を抑止するものとし、本協定に疑義が生じた場合は、誠意をもって協議し解決を図るものとする。

以上

平成○年3月25日

日本パソコン株式会社
代表取締役　山田　太郎　㊞
従業員代表　川野　三郎　㊞

2 三六協定について知っておこう

残業をさせるには三六協定に加えて就業規則などの定めが必要である

● 三六協定を結べば残業が認められる

　時間外・休日労働（残業）は、原則として労使協定を結び、そこで定めた範囲内で残業を行わせる場合に認められます。この労使協定は労働基準法36条に由来するので**三六協定**といいます。同じ会社であっても、残業の必要性は事業場ごとに異なりますから、三六協定は事業場ごとに締結しなければなりません。事業場の労働者の過半数で組織する労働組合（過半数組合がないときは労働者の過半数を代表する者）と書面による協定（三六協定）を締結し、これを所轄労働基準監督署に届ける必要があります。労働組合がなく労働者の過半数を代表する者（過半数代表者）と締結する場合は、その選出方法にも注意が必要です。選出に関して証拠や記録がない場合、過半数代表者の正当性が否定され、三六協定自体の有効性が問われます。そこで、選挙で選出する場合は、投票の記録や過半数の労働者の委任状があると、後のトラブルを防ぐことができます。

　なお、管理監督者は過半数代表者になることができません。もし管理監督者を過半数代表者に選任して三六協定を締結しても、その協定は無効となる、つまり事業場に三六協定が存在しないとみなされることに注意が必要です。三六協定は届出をしてはじめて有効になります。届出をする場合は、原本とコピーを提出し、コピーの方に受付印をもらい会社で保管します。労働基準監督署の調査が入った際に提示を求められることがあります。また、三六協定の有効期限は1年が望ましいとされています（法令上の制限はない）。

　もっとも、三六協定は個々の労働者に残業を義務付けるものではな

く、「残業をさせても使用者は刑事罰が科されなくなる」(免罰的効果といいます)という消極的な効果しかありません。使用者が残業を命じるためには、三六協定を結んだ上で、労働協約、就業規則または労働契約の中で、業務上の必要性がある場合に三六協定の範囲内で残業を命令できることを明確に定めておくことが必要です。そして、具体的に労働者が時間外労働に従事する場合には、業務に必要な時間(残業予定時間)などを明確にするために、時間外労働命令書(123ページ)によって、会社側から指示を与える必要があります。

使用者は、時間外労働については25％以上の割増率(月60時間超の例外あり、112ページ)、休日労働については35％以上の割増率で計算した割増賃金を支払わなければなりません。三六協定を締結せずに残業させた場合は違法な残業となりますが、違法な残業についても割増賃金の支払いは必要ですので注意しなければなりません。

なお、三六協定を締結せずに労働者を残業をさせた者や、三六協定で定めた労働時間の上限を超えて労働者を残業させた者は、6か月以下の懲役または30万円以下の罰金が科されることになります(労働基準法119条1号)。

● 就業規則の内容に合理性が必要

判例によると、三六協定の締結や届出に加えて、以下の要件を満たす場合に、その就業規則など(就業規則・労働協約・労働契約のいずれかが原則)の内容が合理的である限り、それが労働契約の内容となるため、労働者は残業(時間外・休日労働)の義務を負います。
・三六協定の届出をしていること
・就業規則などが当該三六協定の範囲内で労働者に残業をさせる旨について定めていること

以上の要件を満たすと、就業規則などに基づき残業命令が出された場合、労働者は正当な理由がない限り残業拒否ができません。これに

従わないと業務命令違反として懲戒処分の対象になることがあります。

　もっとも、三六協定の締結だけでは労働者に残業義務は発生しません。三六協定は会社が労働者に残業をさせても罰せられないという免罰的効果しかありません。就業規則などに残業命令が出せる趣旨の規定がなければ、正当な理由もなく残業を拒否されても懲戒処分の対象にはできません。また、三六協定の締結とともに、就業規則などに基づき労働者に対し残業命令ができる場合であっても、その残業命令の効力が認められない（つまり残業義務が生じない）場合があります。具体的には、業務上必要性がない場合や、不当な目的に基づいているなど、労働者に著しく不利益を与えるような場合には、使用者側の権利の濫用と判断され、残業命令の効力が否定されます。

　なお、会社として残業を削減したい場合や、残業代未払いなどのトラブルを防ぎたい場合は、時間外労働命令書（123ページ）や、時間外・休日勤務届出書（124ページ）などの書面を利用して、時間外労働について、会社が許可や指示を与える制度にすることで、労働時間を管理するのがよいでしょう。また、残業が恒常的に発生すると、残業代が含まれた給与に慣れてしまい、その金額を前提にライフサイクルができあがり、残業がなくなると困るので、仕事が少なくても残業する労働者が出てくることがあります。残業命令または事前申請・許可がなければ残業をさせない、という毅然とした対応も必要です。

■ 時間外労働をさせるために必要な手続き

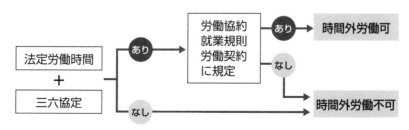

● 三六協定の締結方法

　三六協定で締結しておくべき事項は、①時間外や休日の労働をさせることができる労働者の範囲（業務の種類、労働者の数）、②対象期間（基本的には１年間）、③時間外や休日の労働をさせることができる場合（具体的な事由）、④「１日」「１か月」「１年間」の各期間について、労働時間を延長させることができる時間（限度時間）または労働させることができる休日の日数です。

　④の限度時間について、かつては「時間外労働の限度に関する基準」という厚生労働省の告示で決められていましたが、2018年成立の労働基準法改正により、**限度時間**が労働基準法で明記されました。

　限度時間の内容については、上記の告示を踏襲しています。つまり、１日の限度時間は定められていませんが、１年単位の変形労働時間制を採用している場合を除き、１か月につき45時間以内、１年間につき360時間以内です。後述する特別条項がない限り、労働者の同意があっても、限度時間を超えて時間外労働をさせることはできません。なお、１年単位の変形労働時間制を採用している場合は、１か月につき42時間、１年間につき320時間が限度時間です。

　かつての告示では「１日」「１日を超え３か月以内の期間」「１年」の各期間の限度時間を設定することになっていました。しかし、改正労働基準法では「１日を超え３か月以内の期間」ではなく「１か月」の限度時間を設定することになりました。そのため、１週間や２か月などの上限時間を設定している場合、今後は三六協定を締結する際に「１か月」の限度時間を設定することが求められるようになります。

　また、三六協定は協定内容について有効期間の定めをしなければなりませんが、その長さについては労使の自主的な判断にまかせています（ただし労働協約による場合を除き無期限の協定は不可です）。しかし、前述の④にあるように、三六協定は必ず「１年間」の限度時間を定めなければなりません。したがって、事業が１年以内に完了する

ような例外を除き、有効期間は最低1年間となります。また、定期的に見直しをする必要がありますので、1年毎に労使協定を結び、有効期間が始まる前までに届出をするのがよいでしょう。

　労使協定の中には、労使間で「締結」をすれば、所轄労働基準監督署へ「届出」をしなくてよいものもありますが、三六協定については「締結」だけでなく「届出」をしてはじめて効力が発生するため、必ず届け出ることが必要です。届出の際には、時間外労働・休日労働に関する協定届（122ページ）の書式に、協定で結んだ内容（時間外労働の必要性や労働時間などに関する事項）を記載することになります。

● 特別条項付き協定とは

　労働者に時間外・休日労働をさせる場合には、三六協定を締結することが必要です。労働者の時間外・休日労働については、労働基準法の規制に従った上で、三六協定により時間外や休日に働かせることができる上限が決められます。

　しかし、実際の事業活動の中で、どうしても限度時間を超過してしまうこともあります。そのような「特別な事情」に備えて「特別条項付き時間外・休日労働に関する協定」（特別条項付き協定）を締結しておけば、限度時間を超えて時間外・休日労働をさせることができます。

　我が国では、特別条項付き協定を根拠に、使用者が労働者に対して長時間労働を強いるという場合も多く見られますが、2018年成立の雇用対策法改正で、事業主（使用者）に対して労働時間の短縮など労働条件の改善に努力する義務が明記されたことに注意を要します。

　また、かつては特別条項付き協定も「時間外労働の限度に関する基準」という告示で定めていましたが、2018年成立の労働基準法改正により、特別条項付き協定の要件などが労働基準法で明記されました。今後、特別条項付き協定を締結する際は、労働基準法の規制を遵守することが求められます。

特別条項付き協定で定める「特別な事情」とは、労働基準法36条5項が「事業場における通常予見することのできない業務量の大幅な増加等に伴い臨時的に限度時間を超えて労働させる必要がある場合」と明示しています。つまり、一時的・突発的な臨時の事情であることが必要です。具体的には、予算や決算の業務、ボーナス商戦に伴う業務の繁忙、納期のひっ迫、大規模クレームの対応、機械トラブルの対応などが挙げられます。一方、「業務上必要なとき」「使用者が必要と認めるとき」などといった抽象的で事由が特定されていないものは、特別な事情として認められません。

さらに、長時間労働規制として、①1か月について時間外・休日労働をさせることができる時間（100時間未満に限る）、②1年について時間外労働をさせることができる時間（720時間以内に限る）、③1か月につき45時間を超える時間外労働の実施月数（1年について6か月以内に限る）も、特別条項付き協定で定めることが必要です。

● 罰則による長時間労働規制の導入

2018年成立の労働基準法改正で、三六協定や特別条項付き協定を締結したとしても、①有害業務（坑内労働など）の時間外労働が1日につき2時間以内、②時間外・休日労働が1か月につき100時間未満、③複数月の時間外・休日労働の平均が1か月につき80時間以下、をすべて満たすように労働者を労働させることが使用者に義務付けられました。さらに、三六協定や特別条項付き協定で定めた上限を超える労働をさせた場合に加え、①〜③の1つでも充たさない労働をさせた場合も刑事罰の対象となることを明記しました（6か月以下の懲役または30万円以下の罰金）。これを**罰則付きの長時間労働規制**といいます。

ただし、新技術や新商品などの研究開発業務に限っては、三六協定の締結に際して、前述した時間外・休日労働の上限に関する諸規制に加えて、罰則付きの長時間労働規制も適用されません。つまり、適法

な手続きで三六協定を成立させれば、新技術や新商品などの研究開発業務の労働者については、事実上制限なく時間外・休日労働をさせることができます（特別条項付き協定を定める必要もありません）。ただし、長時間労働による弊害防止の観点から、医師の面接指導や代替休暇の付与などの健康確保措置を講じることは必要です。

また、自動車運転の業務、建設事業、医師などのように、特別条項付き三六協定や罰則による長時間労働規制の全部または一部について、その適用が一定期間猶予されている事業や業種があります。

● 時間外労働の割増率の取扱い

法律で定められている時間外労働に対する割増率は、通常は25％増ですが、1か月につき45時間という限度基準を超えて残業させる場合には、通常の割増率を超えるように努めなければなりません。また、1か月の残業時間が60時間を超える場合は、その超える部分について通常の25％増に加え、さらに25％上乗せした50％以上の割増率による割増賃金の支払が必要です。ただし、一定の規模以下の中小企業は、2023年3月31日までの間、その適用が猶予されています。

■ 特別条項付き三六協定

原則 三六協定に基づく時間外労働の限度時間は月45時間・年360時間

1年当たり6か月を上限として限度時間を超えた時間外・休日労働時間を設定できる

↓

特別条項付き三六協定

【特別な事情（一時的・突発的な臨時の事情）】が必要
① 予算・決算業務
② ボーナス商戦に伴う業務の繁忙
③ 納期がひっ迫している場合
④ 大規模なクレームへの対応が必要な場合

【長時間労働の抑止】
※1か月につき100時間未満で時間外・休日労働をさせることができる時間を設定
※1年につき720時間以内で時間外労働をさせることができる時間を設定

書式　時間外労働・休日労働に関する協定届

事業の種類	事業の名称	事業の所在地（電話番号）
ソフトウェア開発業	日本パソコン株式会社	東京都港区芝中央1-2-3（03-3987-6543）

	時間外労働をさせる必要のある具体的事由	業務の種類	労働者数（満18歳以上の者）	所定労働時間	延長することができる時間			期間
					1日	1日を超える一定の期間（起算日）1か月（毎月1日）1年（4月1日）		
①	下記②に該当しない労働者	臨時の受注、納期変更	設　計	10人	1日8時間	10時間	45時間	360時間	平成○○年4月1日から1年間
		月末の決算事務	経　理	5人	同　上	6時間	45時間	360時間	同　上
②	1年単位の変形労働時間制により労働する労働者	臨時の受注、納期変更	企　画	10人	同　上	6時間	42時間	320時間	同　上

	休日労働をさせる必要のある具体的事由	業務の種類	労働者数（満18歳以上の者）	所定休日	労働させることができる休日並びに始業及び終業の時刻	期間
	臨時の受注、納期変更	設　計	10人	毎週土曜・日曜	法定休日のうち1か月に1日、8:30～17:30	平成26年4月1日から1年間

＜特別条項＞
設計の業務において、通常の生産量を大幅に超える受注が集中し特に納期がひっ迫したときは、労使の協議を経て、1か月に60時間まで、1年については450時間まで上記の時間を延長することができる。この延長時間をさらに延長できる回数は1年間に6回までとする。なお、1か月45時間を超えた場合の割増賃金率は25％とする。

協定の成立年月日　平成○○年　3　月　12　日

協定の当事者である労働組合の名称又は労働者の過半数を代表する者の
　　職名　設計課主任（一般職）
　　氏名　川　野　三　郎

協定の当事者（労働者の過半数を代表する者の場合）の選出方法：投票による選挙

平成○○年　3　月　15　日

　　　　使用者　職名　代表取締役社長
　　　　　　　　氏名　山　田　太　郎　㊞

三田　労働基準監督署長殿

書式　時間外労働命令書

平成○年8月12日

所属：第一システム部
氏名：北風　太陽

第一システム部
部長　川田　公平

時間外労働命令書

下記のとおり、時間外労働を命じる。

記

1．年月日　　　　　平成○年8月12日
2．残業予定時間　　17:30　〜　21:00
3．業務内容　　　　有名商事給与計算システム開発作業

以上

部長	課長	係長

書式　時間外・休日勤務届出書

時間外勤務・休日勤務届出書

株式会社〇〇〇〇
人事部長　〇〇〇〇　殿

　下記のとおり、（　時間外勤務　／　深夜勤務　）の届出を致します。

記

　勤務予定日　　平成〇年〇月〇日

　勤務予定　　　〇〇時〇〇分　〜　〇〇時〇〇分
（結　　果　　　〇〇時〇〇分　〜　〇〇時〇〇分）
　　　　　　　　（合計　　〇時間〇〇分）

　時間外・深夜勤務を必要とする事由

　届出が事後の場合はその理由

以上
平成〇年〇月〇日

　　　　　　　　　　　　　　（役職）
　　　　　　　　　　　　　　（氏名）　　　　　　印

3 残業代不払いの問題の所在をおさえよう

残業代を支払わないと民事上だけでなく刑事上の責任を問われることもある

● サービス残業とは

　労働者が勤務時間外に労働している場合で、会社がその労働に対する賃金（時間外労働手当など）、つまり残業代を支払わないことを「サービス残業」（賃金不払い残業）と呼んでいます。仮に会社が残業代を支払っていても、適正な残業代として不足している場合には同様の問題が生じます。

　サービス残業が常態化した会社では、長時間労働が蔓延していることが多いため、労働者の疲労がたまり、過労死や過労自殺といった労災事故が生じる原因にもなります。過労死までいかなくても、労働者がうつ病などの精神疾患になる事態も増加しています。

　残業代不払いの問題は、そのまま放置しておくと、労働者側から請求を受けたり、労働基準監督署から指導を受けた場合に、一度に多額の不払い分の残業代相当額を支払わざるを得なくなる恐れがあります。とくに弁護士に依頼した労働者から、過去2年分に遡って不払い分を請求される場合があります。さらに、訴訟が提起されると、裁判所から過去2年分の不払い分と同額の付加金の支払命令を受けることも考えられます（労働基準法114条）。つまり、本来支払うべき金額の倍額の支払いを命じられる恐れがあり、続けて他の労働者が同様の請求を行ってくるかもしれません。

　また、残業代不払いで問題となりがちなのは、営業職や管理職に対する手当の支給についてです。営業職に営業手当を支給する際に、「営業手当に残業代を含める」としている会社は要注意です。この営業手当が月々の営業の成果によって変動する場合には、残業代と認め

られません。また、管理職については、他の従業員を監督・管理する地位（管理監督者）にない役職者に対して役職手当を支払っていても、残業代を支払わなければ違法になります。

● ずさんな管理がトラブルになる

トラブルになりやすいのは、会社側が労働者の労働時間を管理していない場合です。タイムカードがない会社は、とくに注意が必要です。

また、週40時間（特例措置対象事業場では週44時間）の労働時間を守っていないケースも問題になります。就業規則や労使協定などを作成していない場合、これらの届出をしていない場合も考えられます。さらに、割増賃金の計算式が間違っている場合も要注意です。

● 刑事事件になる場合もある

割増賃金の不払いをした行為者には、6か月以下の懲役または30万

■ サービス残業の問題点

サービス残業の問題点	具体的なケース
・労働時間を管理していない	タイムカード制廃止など
・必要な文書を作成していない	就業規則・労使協定の不作成
・必要文書の届出をしていない	就業規則・労使協定の未届出
・労働時間が週40時間におさまっていない	週40時間を超えて働くのが常態化している場合など
・割増賃金の計算が間違っている	計算式の分子・分母に当てはめるべき数値が間違っている
・年次有給休暇の管理を行っていない	職場全体の年次有給休暇の取得率が低い場合など
・管理監督者でない者を管理職として扱っている	実態の伴わない管理職に就かせて残業代を支払わない場合

円以下の罰金という刑事罰が科されます（労働基準法119条）。この場合、違反した行為者とともに、会社にも罰金刑が科されます（両罰規定、労働基準法121条1項）。会社側が残業代の不払いを十分に認識しているのに、あえてサービス残業を強制している場合など、悪質なケースは刑事事件に発展することがある点に注意しなければなりません。

● 請求金額は残業代だけではない

　訴訟を起こされた場合は、不払いの期間を遡って合計した金額分を請求されます。期間は最大2年分まで遡ることができます。

　また、前述したように不払い分（最大2年分）に加えて、不払い分と同じ金額の付加金の支払いを裁判所が命じる場合もあります。

　さらに、これらの金額には遅延損害金が上乗せされます。2018年8月現在、遅延損害金の利息は、退職者が請求する場合は、民事法定利率（年利5％）よりもはるかに高い年利14.6％が上限となります（賃金の支払の確保等に関する法律6条1項）。一方、在職中の労働者が請求した場合は、遅延損害金の利息は、商事法定利率である年利6％です（商法514条）。遅延損害金の計算は、本来の支払日の翌日から遅延している期間の利息を含めます。

　このように、訴訟に至ると不払いの残業代だけ支払えば済むわけではなくなる点を覚えておくべきでしょう。「どうせ請求されることはない」とサービス残業をさせていて、後ほど高額な請求を受けた、ということが実際に起きているのです。

　なお、2017年成立の改正民法が施行（2020年4月1日施行予定）されると、民事・商事の区別なく法定利率が年利3％（3年毎の変動あり）に統一されます。

● 慰謝料請求をされることもある

　残業代不払いで労働者側が訴訟を起こすと、残業代以外にも付加金

や遅延損害金が請求額に含まれます。

しかし、これらの請求だけで済まない場合があります。残業代を請求する状況にある労働者は、長時間労働が常態化していた可能性が高く、残業というのが通常の勤務時間に加えた業務を行う性質を持つため、長時間労働と切り離しにくいのです。また、サービス残業を常に強いる職場では、上司のパワハラという問題も絡んでいる可能性があります。このような労働者の場合は、不払いの残業代を請求する際に、慰謝料もあわせて請求してくることが多いようです。

◉ 事前予防が何よりも大切

労働者が会社に対して残業代の不払いについて何らかの請求をしてくる可能性があるといっても、多くの経営者は「うちの会社ではそういうことはあり得ない」と考えるのが通常でしょう。ただ、労働者から過去に未払いの残業代の請求を受けたことがないからといって、慢心していてよいわけではありません。

労働者は生活のために給料を得る必要があるため、サービス残業を

■ 遅延損害金・付加金・慰謝料について

支払わなければならない金銭

❶ 不払い残業代	過去2年まで
＋	
❷ 遅延損害金（利息）	雇用中の労働者＝6％ 元労働者＝14.6％
＋	
❸ 付加金	最大で不払い残業代と同額の支払いを命じられる可能性あり
＋	
❹ 慰謝料	労災やパワハラなどのトラブルがあった場合、労働者やその家族（遺族）から請求される可能性あり

強いられて不満に思っていたとしても、生活の糧を失うわけにはいかないので、黙って我慢しているだけの可能性があります。つまり、現在のところ労働者から支払請求があるわけではないが、労働者の不満や怒りが徐々に蓄積している状態です。当初は黙認していたとしても、限界点を超えれば、法的手段を用いてくることは十分あり得ます。

とくに在職中は不利益な取扱いを受けることを恐れて不払いを黙認していた労働者が、退職後に会社に対して請求をしてくることは十分考えられます。退職すれば「残業代を請求して辞めさせられたらどうしよう」と不安に思うことがなくなるからです。不払いの賃金は支払日から2年間は請求できますから、多くの労働者に長期間にわたり残業代を支払っていないとなると、それらの労働者から莫大な金額を一度に請求される可能性も生じます。

● どのように対抗したらよいのか

まず会社は、労働者が主張する残業をしていた時間(残業時間)が、本当に労働基準法上の労働時間(残業代を支払うべき時間)に該当するかどうかを検討する必要があります。労働時間に該当しないことを裏付ける証拠があれば、それを準備して主張します。

一方、労働時間に該当する場合は、残業代の対象となる労働時間ではないことを証明することになります。たとえば、裁量労働制や事業場外みなし労働時間制を採用している、または管理監督者であるといった事項が該当します。割増賃金をすべて支払っている場合は、そのことを主張します。ただ、いずれも個々に有効な主張となるかどうかを吟味する必要があります。とくに年俸制については、年俸制を導入しているから残業代を支払わなくてもよいわけではありません。

● どんな証拠が出されるのか

雇用契約が成立していることの証拠として雇用契約書や給与明細書、

業務報告書などの書面が提出されます。そして、時間外労働手当や休日労働手当に関する取り決めを裏付ける証拠としては、就業規則や賃金規程、雇用条件が記載された書面があります。また、実際に時間外や休日の労働を行ったことを証明するために、タイムカードや業務日報などが提出されます。

● 会社は何を立証するのか

　タイムカードや就業規則、雇用契約書、労使協定の書面に記載した内容が、労働者が主張する残業時間にあたらないと証明できる場合には、それらが会社の主張の証拠になります。

　また、労働者が主張する残業時間が労働時間にあたるとしても、割増賃金の対象となる労働時間に該当しないことを証明するためには、裁量労働制をとっていれば、裁量労働制をとっていることを裏付ける証拠を提出します。また、事業場外みなし労働時間制をとっていれば、同じように証拠を提出します。

　訴訟を起こした労働者が管理職の地位にある場合は、その労働者が監督または管理の権限を有する管理監督者であることを裏付ける証拠を用意します。退職者が請求してきた場合や、在職中の者でも長期間の不払い分を請求してきた場合には、対象となる残業時間に対応する残業代の請求権に関する消滅時効（賃金は2年、退職金は5年、労働基準法115条）の成否を確認し、成立していれば時効を援用します。なお、改正民法による短期消滅時効の廃止に併せて、賃金の時効の見直しが検討されています。

　残業時間があったことを証明する資料としては、タイムカードや業務日報、報告書などを提出することが多いのですが、そのような資料がない場合には、労働者が書いた日記や手帳などのメモ、あるいはメールの記録などが証拠になります。個人的な日記や手帳などは、その日記や手帳などを会社側が作成させていた場合や、上司などが内容

を確認していた場合には、証拠としての信用性が高くなります。

たとえば、タイムカードなどの証拠を労働者側が揃えている際に、会社側に反証できるものがない場合だけでなく、労働者側も残業時間を立証できる証拠がない場合です。この場合、本来は会社側に労働時間管理の記録義務があるため、記録がないことは会社に不利な状況になるのです。

● 管理監督者であることの立証

訴訟を起こした労働者が管理職の地位にある場合において、その労働者に残業代を支払わなくてもよいのは、①その者に与えられた職務内容、権限、責任が管理監督者にふさわしいもので、経営者と一体の立場にあること、②勤務態様や労働時間の状況が会社に管理されていないこと、③管理監督者としての相当な待遇を受けていること、という条件を満たす場合に限られます。

条件を満たさず、名称だけが管理職になっている者は、労働基準法上の管理監督者ではありません。

■ 不払いの残業代の訴訟で主張する事項

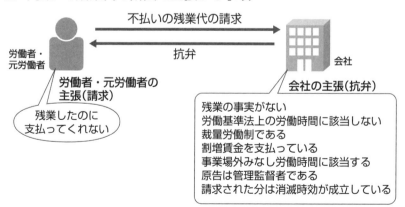

4 残業時間と限度時間について知っておこう

医学的な見地から算出された限度時間がある

● 月45時間を超える場合は要注意

　会社は、労働者の健康障害を防ぐため、労働者の労働時間を適切に管理しなければなりません。よく言われる基準として「1か月に45時間までの残業時間」があります。月45時間という数字は、通常の人が1日7〜8時間の睡眠をとった場合に、残業時間に充当できる時間の1か月分の合計です（1日2〜2.5時間×20日間）。月45時間は時間外労働の限度基準としても採用されています（134ページ図）。

　また、1か月の残業時間が80時間を超えているかどうかも1つの目安となります。この数字は、通常の人が1日6時間の睡眠をとった場合に、残業時間に充当できる時間（1日4時間の残業時間）を基準として、1か月あたり20日間働くものとして算出された数字です。

　なお、1か月の残業時間が100時間を超えている場合には、健康上のリスクは相当高まっているといえます。月100時間を超える残業は、1日5時間の残業を1か月あたり20日間行ったのと同等です。残業時間が月100時間を超える労働者については、過労死のリスクが高まっていますから、会社としても労災事故のリスクが高いといえます。

● 明示的な指示がない場合

　労働者が残業をしても、上司が残業を命じた場合でなければ、会社としては残業と認めないとする会社もありますs。このような会社であっても、会社側が業務上必要だと判断して、労働者に残業を命じた場合はとくに問題は生じません。この場合に残業代を支払わなければ、明らかに法律違反となるからです。

一方、上司が労働者に残業を命じていないにもかかわらず、勝手に労働者が残業した場合、会社としては残業代の支払義務はないと考える経営者は多いようです。しかし、労働者がしていた業務によっては、その労働者が会社に残って業務をしていた分について、残業代を支払わなければならないケースもあります。たとえば、残業しないと間に合わないほどの業務を上司が労働者に命じた場合は、上司が残業を命じなかったとしても、黙示的に残業を命令したと扱われる可能性が高いといえます。また、労働者が残業しているところを見ていながら何も言わずにいると、黙示的に残業を命令したと判断される場合があります。

　逆に、上司から残業しないように命じられていたにもかかわらず、これに反して労働者が残業した場合は、主に2つの点が問題になります。

　まずは、当該会社にとって「時間外労働が適法に行えるか否か」です。従業員の時間外・休日労働をすべて禁止している会社では、時間外・休日労働を適正に管理するための三六協定が未締結の場合があります。この場合、残業手当の対象となる時間外・休日労働そのものが違法と考えられる場合があります。

　次に、会社側が時間外・休日労働の禁止を周知徹底していたかどうかです。たとえば、時間外・休日労働の禁止と、その必要が生じたときは役職者が引き継ぐべきという指示や命令を社内通知、朝礼、上司を通じて繰り返し知らされていたかどうかです。

　これらの2点について、命令に反した従業員が知り得る状態にあったと判断されれば、残業代の支払義務はないと考えられます。

● **どんな対策を講ずるべきか**

　まず、業務上必要な残業は事前申請制にします。就業規則上「不要な残業をすること、させることの禁止」「業務外目的での終業時刻後の正当な理由のない在社禁止」として、その違反を懲戒事由とするこ

とも大切です。事実上のサービス残業の強制も許されません。

　また、会社は労働者の労働時間を適正に管理しなければ、労働基準監督署による指導の対象となる場合があります。労働時間を把握する方法として、経営者や上司など労働者を管理する者が直接労働者の労働時間を現認する（見て確認する）という方法があります。現認が難しい場合は、タイムカードやICカードによる客観的な記録方法によって労働時間を把握するとよいでしょう。

　ただ、タイムカードなどでの管理が難しい会社では、自己申告制を導入しているかもしれません。自己申告制の場合、労働者の申告が本当に実態にあっているのかを確認できるしくみが必要です。たとえば、労働者が残業せざるを得ない状況であるのを承知しながら、自己申告制と残業時間の上限枠を導入し、労働者が残業時間の上限枠を超えている時間分について申告しにくい環境を作り上げることは避けなければなりません。また、自己申告制を適正に実施するための基準が厚生労働省より示されており、会社側は申告により把握される労働時間と実際の労働時間が合致しているか、その実態を調査する義務があります。

● 残業を勝手にさせない

　残業は労働者が勝手に行うものではなく、必要性が生じた場合に会

■ 三六協定の締結事項と限度時間（2018年改正による）………

締結事項

①時間外・休日労働を必要とする具体的事由　②業務の種類
③労働者の数　④延長時間、労働させる休日　⑤有効期間

期　間	1か月	1年
限度時間	45時間	360時間

かつての告示には「1週間15時間」「2週間27時間」「4週間43時間」「2か月81時間」「3か月120時間」の限度時間もあった。

社側が労働者に命じるものです。労働者が会社側からの残業命令に従い行った残業については残業代を支払う必要がありますが、そうでない場合にまで残業代を支払う義務はありません。

　労働者が会社側の指示がなければ残業を行うことができないとするには、管理者が自身の部下の業務状況を適切に把握していることが前提になります。残業については「残業申請書」や「時間外・休日勤務届出書」(124ページ)といった書類を労働者から管理者に提出させるしくみを作るとよいでしょう。たとえば「残業申請書」には、残業を必要とする理由やその目的、必要な残業時間を労働者に記載させるようにします。そして、管理者が残業を許可したことを示す署名やサイン欄を設けておきます。また、チェック欄を作り、他の方法で対応できないかどうか、残業申請時あるいは許可時に確認しましょう。

　実際に行われた残業について賃金を支払わないとすることは許されません。もちろん、業務上必要な残業をしているのであれば、経営者側も残業代を支払うことに違和感はないでしょう。そこで必要なのが「無用な残業をさせないよう対策をする」ということです。具体的には、①「月20時間まで」「週6時間まで」などのように、残業の上限時間を設定する、②退社時間を決めて守らせる、③残業は事前に上司の許可を得た上で行わせる、④不要な残業をする労働者には就業規則などに従って懲戒処分を行う、といったことが考えられます。

　なお、ここでは主に残業管理を取り上げていますが、残業時間以外の就業時間全体の管理を行うことも重要です。つまり、休憩時間も含めて労働者が拘束されている時間(拘束時間)を管理することも、結果的に残業の削減に結びつきます。具体的には、不自然な出勤や休憩時間が発見された場合に、総務部や人事部より実労働時間と休憩時間の調査を行います。その上で、該当者に指導し、または社内通知で警告します。最近では、ICカードの記録やパソコンの動作記録を活用し、休憩時間の適正な管理を行う会社もあります。

5 固定残業手当について知っておこう

人件費の予算管理を効率化できる

● 固定残業手当とは何か

　従業員に時間外労働をさせた場合、給与計算期間ごとに集計して割増賃金を支払うことが必要です。

　一方、残業手当を基本給（固定給）に含め、残業の有無にかかわらず、毎月定額を**固定残業手当**として支払っている会社も少なくありません。このような基本給に含めた固定額による残業代の支払いを適法に行うためには、①基本給と割増賃金部分を明確に区分する、②割増賃金部分には何時間分の残業時間が含まれているのかを明確にする、③上記②を超過した場合には別途割増賃金を支給する、という3つの要件をすべて満たす必要があります。

　さらに、固定残業手当を導入するためには、就業規則（賃金規程）を変更しなければなりません。変更した就業規則について従業員への周知も必要で、固定残業手当の導入は、支給の経緯、実態から見て「定額手当＝残業代」と判断できなければなりません。とくに、固定残業手当を採用している会社が、新たな従業員を雇用する場面では、雇用契約書の中で、支払われる賃金の内訳として、どの程度の残業時間が固定残業代として支払われることになるのかを、明確に説明する必要があります。

● なぜこのような手当を設けるのか

　固定残業手当の導入による一般的なメリットとしては、不公平感の解消です。同じ仕事を残業なしでこなす従業員Aと、残業を10時間してこなす従業員Bとの間では、通常の残業手当の考え方だとAにとっ

て不公平に感じられますが、固定残業手当では公平感があります。また、固定残業時間以内であれば、実際に残業が発生しても追加の人件費が発生しないため、年間の人件費のおおまかな見積りが可能なこともメリットとなります。

　企業側にとっては、固定残業手当を導入することで、給与計算の手間が大幅に削減されます。また、毎月の人件費が固定化されると、予算管理がしやすくなります。その一方で、前ページ①〜③の要件を満たす必要があるなど、実際に従うべきルールが複雑であることも事実です。従業員側からすると、残業をしてもしなくても基本的には同じ給与ですから、効率的に仕事をして残業を削減する方向になるでしょう。これは長時間労働の抑制につながり、企業側にも好都合です。

● 職種によってはなじまない

　固定残業手当は、あらゆる業種や職種に適用できるとは限りません。
　たとえば、小売店や飲食店では、営業時間がほぼ同じで、開店準備や閉店業務にかかる時間も大きな変動がなく、毎日ある程度一定の労働時間となります。このような業種では、固定残業手当を導入しやすいといえます。
　一方、生産ラインが確立されている製造業や、一般的な事務作業の場合、業務量の増減は各従業員の裁量では行えません。このような業

■ 残業手当込みの賃金の支払い

種では、固定残業手当より実際に残業した時間に対し、その都度計算された残業手当を支払う方が、従業員に対して手厚くなります。

● どのくらいが目安なのか

　労働基準法では、時間外労働・休日労働を行わせるためには、三六協定の締結が必要です。三六協定で設定できる時間外労働の限度時間は、1か月あたり45時間、1年あたり360時間です（118ページ）。

　そうなると必然的に1年あたりの限度時間の12分の1、つまり月30時間分の残業代が固定残業手当の上限となると考えられます。もちろん、実際にそれほど残業していない場合はもっと少なくなります。

　固定残業手当は「これさえ支払っていれば、もう残業代（時間外手当）が不要となる」という便利手当ではありません。想定する残業時間を超えた場合は、別途残業代を支払わなければなりません（前ページ図）。逆に残業がなかったときに、固定残業手当を支払わないとすることは許されません。ムダな残業手当を支払わないという意味でも、固定残業手当として支払う金額は、今までの平均残業時間をベースに検討するのが得策です。

　一方、固定残業手当で想定した残業時間を超過した場合は、その分について別途残業手当を支払わなければなりませんが、実務上この給与計算が煩雑で対応しきれない会社もあります。その場合は、30時間を上限として想定する残業時間を多めに設定し、その残業時間に収まるようにした方がよいでしょう。

　なお、会社が固定残業手当を含めて支払う賃金を見ると、最低賃金を超えた金額を労働者に支払っているように思える場合であっても、固定残業手当にあたる部分を除くと、実際には基本給の部分が最低賃金を下回っているというケースがあります。このような賃金の支払方法は認められず、あくまでも固定残業手当を除いた基本給の部分の金額が、最低賃金を上回っていなければなりません。

6 年俸制や出来高払いの賃金について知っておこう

時間外労働の割増賃金は支払われる

● どんな制度なのか

　年俸制とは、まず1年間の給与（賞与を含める場合もあります）の総額を決定し、その12分の1、あるいは16分の1（仮に賞与を4か月分と設定する場合）を毎月支給するという賃金体系です。

① **賃金の支払方法について**

　1年単位で賃金総額が決まるとはいっても、労働基準法24条で毎月1回以上、一定期日の賃金支払いが要求されているため、最低でも月1回、特定の日に賃金を支払わなければなりません。ただし、賞与支払月に多く支払うことはできます。

② **時間外労働の割増賃金について**

　年俸制では毎月支給される金額が1か月分の基本給となり、時間外労働をした場合には、この1か月分の基本給をベースに割増賃金を支払わなければなりません。ただし、管理監督者に該当して労働時間の規制が適用除外とされる場合や、裁量労働制や事業場外みなし労働時間制の「みなし労働時間」の適用を受ける場合などは、一定の要件の下で、時間外・休日の労働に対する割増賃金は不要になります（深夜労働に対する割増賃金は必要です）。

　そして、使用者が年俸制を導入する場合、年俸額の内訳は、基本給だけなのか、一定時間分の残業手当（固定残業手当）を含んでいるのかを明確にする必要があります。

　もっとも、毎月の給与額が残業手当により増減があると、年俸制にした意味合いがなくなります。そこで用いられるのが固定残業手当の制度です（136ページ）。年俸制の金額を設定するときに、純粋な基本

給の部分と、想定される残業時間から計算された割増賃金の部分を明確に分離して従業員に明示します。もちろん、仮に想定する残業時間を超過した場合には、別途残業手当が必要になります。

なお、従業員が法定労働時間（1日8時間、1週40時間が原則）を超える労働を行った場合、通常の労働時間・労働日の賃金の25％を増した賃金の支払いが必要です。このような割増賃金基礎額（1時間当たりの賃金）の算定には、役職手当、資格手当、業務手当、皆勤手当などが含まれますが、年俸制において12等分にされて毎月支払われる賞与も同様に含まれます（前ページ）。

● どのように取り扱うべきなのか

労働基準法では、給与計算期間ごとに残業時間を集計して、次の賃金支払日に、残業手当を支払うよう求めています。固定残業手当は例外的な処理です。ただし、固定残業手当が想定している残業時間を超えて残業を行わせたときは、別途残業手当の支払いが必要になりますので、決して残業代を直接的に節約できる制度ではありません。

また、業種・職種によっては不適当なケースもありますので、業種や従業員の就業実態などを考慮して導入を検討していく必要があります。

● 出来高払いの賃金

出来高払制その他の請負制は、仕事量の変動によって賃金額が大きく変動します。そのため、出来高払制は非常に不安定な賃金の支払形態といえるでしょう。労働基準法では、労務を提供した以上、その仕事量が少ない場合であっても、労働時間に応じて一定額の賃金（保障給）の支払いを保障することを義務付けています（労働基準法27条）。

ここでの保障給とは、「労働時間1時間につきいくら」と定める時間給であることを原則としています。労働者の実労働時間の長短と関係なく一定額を保障するものは保障給にあたりません。

また、全額請負制だけでなく一部の請負制についても、保障の対象になりますが、賃金構成で固定給の部分が賃金総額の6割程度以上を占める場合には、請負制に該当しないとされています。

　ただし、労働基準法27条の保護は労働者が就労した場合が対象です。単なる欠勤のように使用者の責めによらずに労働者が労務を提供しなかった場合は、保障給を支払う必要はありません。

　なお、労働基準法の規定では、具体的に最低額の定めがあるわけではありませんが、休業手当が平均賃金の100分の60以上の支払いを義務付けていることを考慮すると、労働者が実際に就労している賃金の場合も平均賃金の100分の60程度は保障すべきと考えられています。また、時間外・休日・深夜の労働を行った場合は割増賃金の支払義務も生じます。

　さらに、最低賃金法の適用がある労働者の場合には、最低賃金額以上の支払いが義務付けられています。出来高払制における保障給も、労働時間に応じるため、最低賃金の時間額が適用されます。

■ 年俸制のしくみ

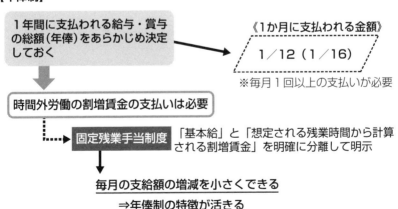

管理職には残業代はつかないのか

名ばかり管理職は管理職とは認められない

● 管理職に残業手当がつかないのはなぜか

社内の資格や職位上の役職者が、労働基準法でいう「管理監督者」になるというわけではありません。一般的に管理職には残業手当がつかないと言われていますが、正しくは「労働基準法でいう管理職（管理監督者）」に対しては、残業手当がつかないということになります。それは、「事業の種類にかかわらず監督もしくは管理の地位にある者または機密の事務を取り扱う者には労働基準法の労働時間、休憩および休日に関する規定を適用しない」と労働基準法で定められているからです（41条2号）。

もっとも、名目だけの管理職（名ばかり管理職）も多く、管理職のポストにある人のすべてが労働基準法の労働時間などの規制を受けないわけではありません。労働基準法で定める「監督もしくは管理の地位にある者または機密の事務を取り扱う者」にあたるかどうかは、形式的な役職の名称によるのではなく、実際の職務内容、責任と権限、勤務態様がどうであるかという点で判断する必要があります。具体的には、

① 経営者と一体的立場で仕事をしていること
② 勤務時間について厳格な制限を受けていないこと
③ 地位にふさわしい待遇（給与）であること

という条件を満たしている必要があります。

たとえば、日本マクドナルドの直営店の店長という立場が残業代の支払われない管理職にあたるのかどうか争われた事件で、店長は労働基準法でいう管理監督者にはあたらないという判断をした裁判例があ

ります（東京地裁、平成20年1月28日）。店長について、営業時間・メニュー・価格の設定を自由に行う権限がないことや（①を満たさない）、その待遇の問題（③を満たさない）などが理由として挙げられています。マクドナルドと同様に、チェーン展開して利益を上げている企業は他にも多数あるため、判決のもたらす影響が注目されています。

● 通達で管理職の基準が明らかにされた

　この裁判が社会的に注目を集めたこともあり、厚生労働省は平成20年9月、小売業、飲食業などのチェーン店で、各店舗の店長が管理職に該当するかどうかの判断基準を示す通達を各都道府県労働局長宛に出しました。通達では、店舗の店長に十分な権限、相応の待遇が与えられていないにもかかわらず店長として扱われている事案があることを指摘し、管理職に該当しない要素を挙げています。

　たとえば、アルバイト・パートなどの採用についての責任と権限が実質的にない場合が否定要素として挙げられています。また、時間単価に換算した賃金額が最低賃金額に満たない可能性がある場合は、管理監督者性を否定する極めて重要な要素になると明記されています。

■ 労働基準法の管理監督者といえるかどうか

職務内容、責任・権限	勤務態様	賃金などの待遇
・アルバイト・パートの採用権限がない ・アルバイト・パートを解雇する権限がない ・勤務割表の作成を行う権限がない	・労働時間が厳格に管理されている ・部下の勤務態様とほとんど変わらない ・遅刻・早退により減給される	・役職手当などの保障が十分でない ・受け取った賃金が部下とほとんど変わらない ・時間単価に換算すると最低賃金を下回る可能性がある

➡ これらの事情に該当すると、法律上の管理監督者とはいい難いため、勤務日の時間外労働手当や休日労働手当を受け取れる可能性がある

こんな場合に割増賃金の支払いは必要か

時間外労働や休日労働は厳密に管理するべきである

◉ 時間外労働や休日労働を拒否されたら

　最近はプライベートを優先する社員が増え、時間外労働や休日労働を拒否されることもあります。社員は時間外・休日労働に関する業務命令を拒否できるのでしょうか。

　それは時間外・休日労働が労働者の義務となるかどうかがポイントとなります。就業規則などに「業務の必要により時間外労働を命ずることがある」など、使用者が労働者に時間外・休日労働を命じ得る根拠となる規定があり、「時間外・休日労働に関する協定」（三六協定）を締結し、所轄労働基準監督署に届出が行われている場合は、原則として、労働者に時間外・休日労働の義務が生じ、正当な理由なくこれを拒否することは業務命令違反になると考えられます。

　一方、三六協定を締結して所轄労働基準監督署に届け出ている場合であっても、就業規則などに時間外労働に関する規定を設けていない場合は注意が必要です。三六協定の締結や届出は、労働基準法上の法定労働時間という罰則付きの規制の適用を受けずに、労働者を働かせることが許されるという免罰的効果があるだけで、三六協定の存在自体が、労働契約上の義務として労働者に時間外労働に従事する義務を課す根拠にはならないという点です。また、個別の労働契約を締結する際に「時間外労働や休日労働はさせない」と明示している場合は、その労働者に対し時間外・休日労働をさせることはできません。

◉ 遅刻した日に就業時間を過ぎたらどうなる

　遅刻してきた社員が、終業時刻以降も仕事をすることはときどきあ

ると思います。労働基準法では、8時間を超えて労働させた場合には時間外労働手当を支給しなければならないと規定しています。つまり、所定労働時間が8時間として、1時間遅刻した者が1時間延長勤務しても実労働時間は8時間なので、労働基準法の規定する時間外労働にはなりません。そこでこのような場合は、時間外労働手当を支払わなくてもよいことになります。ただし、前日1時間遅刻したから、といって当日の1時間の時間外労働を相殺するようなことはできません。遅刻分を給与から控除するのは問題ありませんが、時間外労働分は支払わなければなりません。また、遅刻した時間と終業時刻後の労働時間が同じでも、その時間帯が深夜労働の時間帯にかかる場合は、別途深夜労働手当が必要になります。

● 持ち帰りの残業には割増賃金の支払いは必要なのか

　最近は情報漏えいのリスクを避けるために家に仕事を持ち帰るケースは減少傾向にあるかと思いますが、社員が自主的に仕事を持ち帰った場合に時間外労働になるかという問題があります。原則としてこのような場合は時間外労働にはなりません。自宅に持ち帰って仕事をしている場合は、上司の管理監督下にはない状態ですので、労働時間外ということになります。

　上司の指揮監督下にあるか否かは、労働時間にあたるか否かを決定する上で、必ずしも絶対的な基準として機能しない場合があることにも注意が必要です。たとえば、外形上は上司などの管理下にあるように見えても、労働者が行っている事柄が、明らかに業務内容とかけ離れている場合には、労働時間外と評価されることになります。ただし、例外として、緊急を要する場合や納期が迫っている場合など、自宅に持ち帰って仕事をする状況を会社が作っているような場合は、時間外労働となります。その場合の時間数の計算は、通常であればその業務を遂行するのに要する時間を推測して決定することになります。

労働基準法違反には罰則が課せられる

罰金や懲役刑の対象になる

● 6か月以下の懲役が科される可能性もある

　労働基準法は労働条件の最低基準を定めている法律です。そのため、労働基準法で定められたルールに違反して労働者を働かせると、後述のとおり違反行為者や事業主に**罰則**が科せられます。

　労働基準法で最も重い罰則が科されるのは、暴行、脅迫、監禁その他精神または身体の自由を不当に拘束する手段によって、労働者の意思に反して労働を強制する場合です（労働基準法5条）。いわゆる強制労働ですが、労働者に強制労働をさせた場合には、1年以上10年以下の懲役、または20万円以上300万円以下の罰金が科されます。

　時間外労働については、たとえば、労使間で時間外労働について定めた労使協定（三六協定）がないにもかかわらず、法定労働時間を超えて労働させた場合には、6か月以下の懲役または30万円以下の罰金が科されます。また、変形労働時間についての労使協定の届出をしなかった場合には、30万円以下の罰金が科されます。

● 違法な労働を命じた管理職だけでなく、会社も罰せられる

　たとえば、残業（時間外・休日労働）を命じる権限を持っているとされる部長が、労働基準法に違反する残業を自分の部下に命じて行わせた場合、その部長は、違反行為者としての責任を追及されることになります。これを行為者罰といいます。

　通常、罰則は違反行為者自身にしか科さないのが原則ですが、労働基準法違反については、原則として、違反行為者（事業主のために行為した代理人、使用人その他の従業者）に加えて、その事業主（会社

■ 主な労働基準法の罰則

1年以上10年以下の懲役又は20万円以上300万円以下の罰金	
強制労働をさせた場合（5条違反）	労働者の意思に反して強制的に労働させた場合
1年以下の懲役又は50万円以下の罰金	
中間搾取した場合（6条違反）	いわゆる賃金ピンハネ
児童を使用した場合（56条違反）	児童とは中学生までをいいます
6か月以下の懲役又は30万円以下の罰金	
均等待遇をしない場合（3条違反）	国籍・信条・社会的身分など
賃金で男女差別した場合（4条違反）	
公民権の行使を拒んだ場合（7条違反）	選挙権の行使等が該当する
損害賠償額を予定する契約をした場合（16条違反）	実際の賠償自体は問題ない
前借金契約をした場合（17条違反）	身分拘束の禁止
強制貯蓄させた場合（18条1項違反）	足留め策の禁止
解雇制限期間中に解雇した場合（19条違反）	産前産後の休業中または業務上傷病の療養中及びそれらの後30日間
予告解雇しなかった場合（20条違反）	即時解雇の禁止
法定労働時間を守らない場合（32条違反）	時間外労働をさせるには三六協定が必要
法定休憩を与えない場合（34条違反）	途中に一斉に自由に
法定休日を与えない場合（35条違反）	所定と法定の休日は異なる
割増賃金を支払わない場合（37条違反）	三六協定の提出と未払いは別
年次有給休暇を与えない場合（39条違反）	
年少者に深夜業をさせた場合（61条違反）	18歳未満の者
育児時間を与えなかった場合（67条違反）	1歳未満の子への授乳時間等のこと
災害補償をしなった場合（75～77、79、80条違反）	仕事中の傷病や死亡に対して会社は補償しなければならない
申告した労働者に不利益取扱をした場合（104条2項違反）	申告とは労働基準監督官などに相談すること
30万円以下の罰金	
労働条件明示義務違反（15条）	
法令や就業規則の周知義務違反（106条）	

など）に対しても罰金刑を科すこととしています（会社は生身の人間ではないので会社に懲役刑を科すことはできません）。このように違反行為者と事業主の両者に罰則を科すことを、**両罰規定**といいます。

ただし、事業主（会社の代表者など）が違反の防止に必要な措置をした場合、その事業主には罰金刑を科しません。しかし、事業主が違反の計画を知りつつ、その防止に必要な措置を講じなかった場合や、違反の行為を知りつつ、その是正に必要な措置を講じなかった場合または違反を教唆した（そそのかした）場合は、事業主も違反行為者として罰せられます（罰せられるのは会社の代表者などです）。

● 付加金の支払いを命じられることもある

付加金とは、労働基準法で定める賃金や手当を支払わない使用者に対して裁判所がそれらの賃金や手当とは別に支払いを命じる金銭です。裁判所は、休業手当、割増賃金、年次有給休暇手当、解雇予告手当を支払わなかった使用者に対し、労働者の請求によって未払金の他、これと同額の付加金の支払いを命ずることができます。付加金の金額は未払の金銭と同額であるため、平たく言えば、未払金銭の倍額を支払わなければならないことになります。

使用者の付加金支払義務が「いつ発生するのか」については、さまざまな考え方がありますが、付加金は、裁判所が支払いを命じることで初めて支払義務が発生するという考え方が有力のようです。そのため、法定の支払期限に所定の金額が全額支払われていなくても、その後に割増賃金や解雇予告手当などの全額が支払われれば、労働者は付加金請求の申立てをすることができませんし、裁判所も付加金の支払いを命じることはできないことになります。

また、付加金の請求権は、違反のあったときから2年で時効により消滅します。

第5章

給与計算の仕方

給与計算をする上で大切なポイントをおさえよう

給与明細は支給項目と控除項目から構成されている

● 給与計算の大切さを知る

　給与計算とは、一定のルールに従って決定された支給額から、所得税・住民税・健康保険料（介護保険料）・厚生年金保険料・雇用保険料等を差し引いて、手取額を計算する事務のことです。

　従業員に支払う給与には、締め日があります。締め日（〆日）は、通常1か月に1回です（会社によっては、週1回や毎日の場合もあります）。事業主は締め日までの給与を計算して、毎月決められた日（給料日）に従業員に対して給与を支給することになります。

　たとえば、毎月20日の締め日までの給与を計算して、その月の25日に支給するといった具合です。事業主や担当者はこれらの給与計算の手続きを毎月ミスなくこなさなければなりません。

　給与明細を受け取る人がもっとも気にする項目は「差引支給額」の欄でしょう。差引支給額とは、給与の手取額のことです。総支給額から控除額合計を差し引いた金額が差引支給額になります。

　パソコンのソフトを利用して給与計算を行う事業所が大半かもしれませんが、パソコンや給与計算ソフトはあくまでもツールです。給与計算という仕事を簡単に考えず、打ち間違いなどしないように意識して給与計算の事務を行うようにしましょう。

　なお、パソコンの給与計算ソフトを使って給与計算を行っている事業所では、図のサンプルと似たような明細になっているようです。

　給与明細は、支給する給与がなぜその金額になったのかを記載する書面です。つまり、給与明細には総支給額、社会保険や税金などの控除額、実際の支給額はいくらかといったことが記載されています。

そもそも給与(賃金)については、労働基準法が定めています。給与とは労働基準法上、使用者が会社で働く会社員に、労働の対価として支払うすべてのものと定められています。「すべてのもの」とは、給与の他に賞与や諸手当を含みますが、災害見舞金や祝い金など、任意的・恩恵的なものは原則として給与にはなりません。

ただし、労使協定や就業規則などにあらかじめ支給条件が定められているものは給与とみなします。給与の支給明細は、毎月固定で支払われる定額部分と月々金額が変わる変動部分に大別できます。

定額部分は基本給(本給、職能給、職務給)と定額の諸手当(通勤手当、住宅手当など、下図参照)で構成され、変動部分は毎月変動のある時間外手当、休日手当、深夜手当などの諸手当からなっています。これらは、下図の「支給」の項目に載っています。

なお、遅刻・早退・欠勤などがあった場合は、その分を支給額から

■ 給与明細サンプル(月平均所定労働時間数160時間として計算)

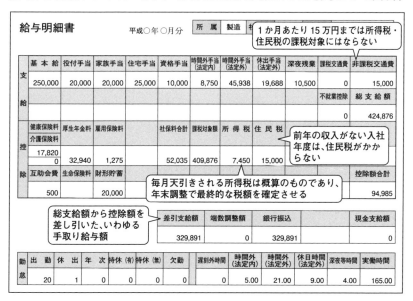

控除しますが、通常、その額も支給額の欄に記載されます。

● 給与から控除されるもの

次に給与明細書（前ページ）の「控除」の項目を見てください。これは給与から天引きされる項目の合計金額の内訳です。健康保険料、介護保険料、厚生年金保険料、雇用保険料、源泉所得税、住民税、協定控除などが支給明細から差し引かれる（控除される）主な項目です。給与支払いについての全額払いのルールからすると、給与は天引きなどせずに労働者に全額支払われなければなりません。

しかし、保険料や所得税を労働者がいちいち年金事務所や税務署に納めに行かなければならないとすると、会社の業務に支障が生じる場合も出てきますし、労働者にとっても手間がかかります。そのため、給与支払いの際に、法令や労使協定で定められた一定の費用を天引きすることが認められているのです。

社会保険各法や各種税法などの法律に基づいて控除することが認められている場合のことを**法定控除**といいます。事業所と従業員の代表者が協定（労使協定）を結ぶことによって控除することができる場合を法定外控除といいます。法定控除には、雇用保険料、健康保険料、厚生年金保険料、介護保険料、源泉所得税、住民税などがあります。法定外控除については、事業所によって異なりますが、一般的なものとして、親睦会費、財形貯蓄、社内預金（端数預金を含む）、社宅の自己負担分や寮費、生命保険料、持株会会費、労働組合費、物品購入の立替代金、社内貸付金の返済金などがあります。

なお、毎月天引きされる所得税はあくまで概算のものであり、年末調整を経て本来納めるべき税額が定まります。事業主には源泉徴収票を作成する義務があり、毎年年末に従業員に対して源泉徴収票の交付が行われます。

2 毎月・年間の給与計算事務とスケジュールを把握しよう

毎月行う事務や定期的に行う事務がある

● 毎月の給与計算事務とは

毎月の給与計算事務とは、「給与明細書の作成」「給与の支給」「社会保険料や源泉所得税などの納付」という一連の業務をいいます。給与計算事務処理の注意点は以下のとおりです。

① **従業員の人事情報の確認**

あらかじめ、従業員の採用、退職、結婚、出産、転居、死亡、などの人事情報を確認し、データに漏れのないようにします。

② **各従業員の１か月の勤務時間数の算出**

給与の締切日に出勤簿またはタイムカード等を回収し、各従業員の１か月の勤務時間数を算出します。

③ **給与の総支給額の計算**

各従業員について、基本給などの固定的な給与、残業手当など変動する給与を計算して総支給額を決定します。

④ **控除額の計算**

各従業員の社会保険料、源泉所得税、住民税などを計算します。

⑤ **差し引き支給額の決定**

③の給与総額から④の控除額を差し引いて、各従業員の差し引き支給額を決定します。

⑥ **給与明細書の作成**

以上の作業から、給与明細の主要項目である支給項目、控除項目、勤怠項目の３つが決定するため、給与明細書を作成します。

⑦ **差引支給額の支給**

所定の給与支給日に、各従業員の差引支給額を支給します。口座振

込の場合でも、給与明細書は各自に手渡しましょう。

⑧　賃金台帳への記載

　各従業員の給与の支給総額と控除額は賃金台帳に月ごとに記録しておく必要があります。

⑨　社会保険料・雇用保険料の徴収・納付

　社会保険料は、給与から控除した従業員負担分の保険料に事業主負担分の保険料を合わせて毎月末までに前月分を納付します。記載された金額をその月の末日までに納付することになります。たとえば、11月分の保険料については、12月になってから納入告知書が送付されてくるので、12月分の給与から控除して会社負担分とともに12月末日までに納付することになります。雇用保険料については、年度更新により精算する手続きを毎年繰り返すため、毎月の給与計算では従業員の雇用保険料負担分を給与から控除することになります。

⑩　税金の納付

　源泉徴収した当月分の所得税を原則として翌月10日までに納付します。納付方法は、税務署から送られてくる源泉所得税の納付書に必要事項を記入し、金融機関で納めます。住民税についても同様です。各市町村から送付される納付書によって、当月分を原則として翌月10日までに金融機関で納付します。

● 給与計算事務の年間スケジュール

　給与計算に関係する事務処理は毎月行うものばかりではありません。ボーナス（賞与）のように年2～3回の事務（計算）処理を行うものや年末調整のように年1回だけ事務処理を行うものもあります。そこで、暦に従って給与計算に関係する年間の事務を覚えておくことは毎月の事務処理と同様に大切なことです。

　なお、一般的に会社などの事業所が新たに従業員（新入社員）を雇うのは、年度初めである4月です。そのため、給与計算の事務処理の

年間スケジュールを覚える上では、4月1日〜翌年3月31日までの1年間を一保険年度として、事務処理を見ていくようにします。

◉ 年度始め（4〜6月）の事務

　従業員を新たに雇ったときは、その従業員の給与から控除する社会保険（健康・介護保険と厚生年金保険）の保険料の額を決めるための事務手続きが必要になります。一度決まった社会保険の保険料は、原則として次の定時決定のときまで使用します。入社後毎年行う定時決定は、年1回だけ行う事務処理ということになります。事業主が従業員から預かった社会保険の保険料は国（政府）などに納めることになります。

　一方、雇用保険の保険料は、従業員の給与（賞与も含む）の額によって、控除する額が毎月変わります。そこで、雇用保険の保険料は社会保険の保険料と異なり、給与支給のつど計算して控除します。

　また、既存の従業員について、毎年この時期に健康・介護保険、雇用保険の料率が変更になることがあるため、変更があった場合、従前と異なる料率で健康・介護保険料、雇用保険料を控除することになりますので忘れないようにしましょう。

　さらに、従業員の毎月の給与から控除するものに所得税（源泉所得税）と住民税があります。所得税は給与の額によって控除する額が異なります。これに対して、住民税は従業員の前年の所得に基づいて市区町村で計算し、毎月（毎年6月〜翌年5月の分）の控除額が決定されます。住民税は毎月定額（1回目だけは端数処理の関係で多少多くなります）を控除します。事業主の側で預かった源泉所得税と住民税は、毎月（所得税は事業所によっては年2回の納付）、国または地方公共団体に納付することになります。

◉ 7〜9月の給与計算関連事務

　従業員の給与から労働保険・社会保険の保険料と税金を徴収する事

務は毎月の給与計算のつど必要です。また、従業員から預かった社会保険料や税金を各機関に納付する事務も原則として毎月行います。

　社会保険の保険料は、4～6月の給与について、7月1日～10日までに、年金事務所に届出をし、年金事務所（日本年金機構）ではこの届出をもとに従業員の給与から控除する社会保険料の額を決定します（定時決定）。新たに決定された社会保険料は、原則としてその年の9月分（10月納付分）から翌年の8月分（9月納付分）までの1年間使用することになります。事業主が従業員から預かった雇用保険料については、事業主負担分の雇用保険料と労災保険料（全額事業主負担）をまとめて毎年一定の期限までに国に納めます（1年分の保険料を前払いで支払います）。この手続きのことを年度更新といいます。労働保険の保険料は、通常、年3回に分割して納めます（延納といいます）が、その第1回の納付期限は毎年7月10日になります。

　民間の事業所では一般的慣行として毎年7月（または6月）と12月に賞与が支給されていることが多いようです。そのため、7～9月の給与計算事務として、賞与の計算と賞与支払届の提出など、支給事務を行うことになります。また、社会保険（健康保険と厚生年金保険）について、支給額などを記載した届出を一定期間内（支給から5日以内）に年金事務所に提出する必要があります。

● 10～12月の給与計算関連事務

　10月は7～9月の給与計算関連事務により新たに決定された社会保険料の額を控除しはじめる月です。

　10月からは9月まで従業員の給与から控除していた額と異なる額の社会保険料（健康・介護保険と厚生年金保険の保険料）を控除することになりますので、忘れないようにしましょう。

　また、10～12月については、4～9月の各月と同じように毎月の給与計算事務と12月の賞与の計算事務があるため、それぞれの関係の

役所に社会保険料や税金を納付する事務もあります。

そしてもっとも複雑な事務は年末調整です。年末調整とは、概算で納付している所得税額について1年間のすべての給与と賞与が支給された後に個人的事情にあわせて精算する手続です。会社としては従業員から受け取った「扶養控除等（異動）申告書」「給与所得者の保険料控除申告書」などの書類に基づき計算処理を行います。

● 1〜3月の給与計算関連事務

毎月行う給与計算事務などについては、他の月と同様に行います。年末調整で従業員の1年間の税金が確定しましたので、従業員一人ひとりの源泉徴収票を作成して本人に渡すことになります。年末調整で税金が戻ってくる場合は、その金額と一緒に従業員に渡すとよいでしょう。その他、給与支払報告書の市区町村への送付、法定調書の作成といった事務も1月中にする処理になります。

■ 給与計算事務の年間スケジュール

月	毎月の事務	重要事務
4月	給与計算	新入社員に関する手続き、健康・介護保険料率等改定
5月	給与計算	
6月	給与計算	住民税の額の改定
7月	給与計算	賞与の計算、算定基礎届の提出、年度更新と労働保険料納付（第1期）
8月	給与計算	
9月	給与計算	
10月	給与計算	定時決定に基づく社会保険料の改定、労働保険料を延納する場合の納期（第2期）
11月	給与計算	
12月	給与計算	賞与の計算、年末調整
1月	給与計算	労働保険料を延納する場合の納期（第3期）、給与支払報告書事務、法定調書作成
2月	給与計算	
3月	給与計算	賞与の計算（※）

（※）決算期などに賞与が支給される事業所もある

賃金台帳の記載と保存方法について知っておこう

給与を支払うたびに労働者の領収印をもらう

● 1年間の給与の一覧表となる

　会社などの事業所では、毎月給与計算を行います。給与計算が終わったら、労働者一人ひとりに対して給与を支払います。その際、なぜその支給額になったのかがわかるようにするため、給与明細を添付して給与を支払う必要があります。給与明細には支給額と控除額の内訳をそれぞれ明示し、最終的な支給額（手取額）を記載します。

　ただ、給与明細は労働者に渡してしまうものですから、事業所の方でも、データとして労働者に渡した給与明細と同じものを保存しておかなければなりません。しかし、労働者数が何百人もいるような会社で、毎月の明細を労働者に渡した給与明細と同じサイズの給与明細で保存するのは無理があります。

　また、年末調整のときには、労働者一人ひとりに対する1年間の給与の内訳を記載した**源泉徴収簿**を作成する必要があります。

　このようなことから、労働者ごとの1年間の給与一覧表である賃金台帳（給与台帳と呼ぶこともあります）を作成するようにします。賃金台帳には、労働者の給与と賞与の支給額と控除額の内訳を細かく記載します。賃金台帳は労働基準法上、事業所に備えつけておかなければならない書類ですから、必ず作成するようにしましょう。

● 賃金台帳に記載すべき事項と保存の義務

　賃金台帳は、労働者名簿、出勤簿（またはタイムカード）と並ぶ法定3帳簿のひとつです。**法定3帳簿**とは、労働基準法で事業主に作成と保存が義務づけられている帳簿のことです。賃金台帳は事業所ごと

に備え付けておかなければなりません。たとえば、本店（本社）の他に支店（支社）や工場がある会社で、その支店や工場などでそれぞれ給与計算の事務処理を行っている場合は、その支店や工場ごとに賃金台帳を作成し、保存する義務があります。これに違反した場合は30万円以下の罰金が科されます。賃金台帳の記載事項には、下図に示したように、以下の６つがあります。

① （労働者の）氏名と性別
② 賃金の計算期間（日雇労働者は記入しなくてもよい）
③ 労働日数と労働時間数
④ 時間外、休日、深夜の労働時間数
⑤ 基本給、諸手当、その他給与の種類ごとの金額（現物給与は定められた評価額）
⑥ 法定控除、法定外控除（166ページ）の項目と金額

　事業主は賃金台帳に以上の事項をきちんと記載して、一定期間（最後に記入した日から３年間）保存しておかなければなりません。

■ **賃金台帳に記載する事項**

- 労働者の氏名
- 労働者の性別
- 賃金の計算期間
- 労働日数
- 労働時間数
- 時間外労働・休日労働・深夜労働の労働時間数　←　※ 普通の時間外労働と深夜労働、休日労働を分ける
- 基本給・各種手当の金額　←　※ 基本給と各種手当を分ける
　　　　　　　　　　　　　　　※ 手当もその手当の種類ごとに分ける
- 賃金の一部を控除する場合における控除額　←　※ 社会保険料などの控除額
　　　　　　　　　　　　　　　※ 源泉徴収所得税額
　　　　　　　　　　　　　　　※ 労使協定などに基づいて控除する場合の控除額

第5章　給与計算の仕方

書式　賃金台帳（月平均所定労働時間数164時間として計算）

		雇　入　年　月　日		所　属	職　名		
		平成○年○月○日　雇入		総務部	経理課長		

		賃金計算期間	1月分	2月分	3月分	4月分	5月分	6月分	7月
その月の勤怠状況		労　働　日　数	20日	21日	19日	22日	20日	日	
		労　働　時　間　数	160	168	152	176	160		
		休日労働時間数			8				
		早出残業時間数	22	25	31	18	24		
		深夜労働時間数			3				
その月の支給額の内訳と合計		基　本　給	200,000円	200,000円	200,000円	205,000円	205,000円		
		時間外・休日・深夜労働手当	37,730	42,875	73,059	30,870	41,160		
	手当	職　務　手　当	10,000	10,000	10,000	10,000	10,000		
		役　職　手　当	5,000	5,000	5,000	5,000	5,000		
		住　宅　手　当	20,000	20,000	20,000	20,000	20,000		
		家　族　手　当	15,000	15,000	15,000	15,000	15,000		
		精皆勤手当	10,000	10,000	10,000	10,000	10,000		
		通　勤　手　当	12,000	12,000	12,000	12,000	12,000		
		手　　当							
		小　　　　　計	309,730	314,875	345,059	302,870	313,160		
		その他の給与							
		合　　　　　計	309,730	314,875	345,059	302,870	313,160		
その月の控除額の内訳と合計	控除額	健康保険料	13,860	13,860	13,860	13,860	13,860		
		厚生年金保険料	25,620	25,620	25,620	25,620	25,620		
		雇用保険料	929	945	1,035	909	939		
		介護保険料							
		所　得　税	3,620	3,730	4,800	3,300	3,730		
		住　民　税	10,000	10,000	10,000	10,000	10,000		
		控　除　額　計	54,029	54,155	55,315	53,689	54,149		
		差引合計額	255,701	260,720	289,744	249,181	259,011		
		実　物　給　与							
手取額		差引支給額	255,701	260,720	289,744	249,181	259,011		
		領　収　者　印	(佐藤印)	(佐藤印)	(佐藤印)	(佐藤印)	(佐藤印)	印	日

　　　　　　　　　　　現金支給している場合は本人に領収印をもらう

4 給与計算の準備をする

タイムカードや出勤簿をもとにして給与を計算する

● 給与計算をするときに必要な書類とは

　給与計算をする上で使用する書類には、①出勤簿またはタイムカード、②賃金台帳、③就業規則または賃金規程、④通勤手当支給申請書、⑤給与所得者の扶養控除等（異動）申告書、⑥控除に関する労使協定、⑦住民税の特別徴収税額通知書があります。

　通常毎月の給与計算で使用するのは、①出勤簿またはタイムカードと②賃金台帳です。③〜⑦の書類については、賃金規程の変更、住民税額の改定、新たな控除に関する労使協定の締結などの事情に応じて、その都度該当する書類で変更または改定内容を確認します。

● タイムカードまたは出勤簿で勤怠状況を確認する

　タイムカードも出勤簿も労働者の勤怠状況を管理するという意味では同じです。ただ、労働者の作業負担だけを考えると、カードを入れさえすれば時間を正確に打刻するタイムレコーダーを使った方が簡単です。

　なお、労働時間の端数処理については、１日単位で端数処理を行うことはできません。

● タイムカードで集計すべき項目にはどんなものがあるのか

　タイムカードを使って労働者ごとの労働時間を集計します。

　給与を月給制や日給月給制にしている事業所の場合に集計すべき主な項目としては、①出勤日数と欠勤日数、②労働時間（時給制など時間を単位として給与を計算する場合）、③有給休暇日数、④特別休暇

日数、⑤所定労働時間外の残業時間、⑥法定労働時間外の残業時間、⑦深夜労働時間、⑧休日労働時間（日数）、⑨休日深夜労働時間、⑩遅刻・早退時間、といったものがあります。

④特別休暇とは、事業所独自に定める休暇のことで、慶弔休暇（労働者本人や家族の結婚・出産・死亡などのときに取得できる休暇）やリフレッシュ休暇などがこれにあたります。

なお、特別休暇中の給与を有給とするか無給とするかは、事業所の自由です。特別休暇を定めた場合、就業規則や賃金規程で特別休暇の期間について給与を支給するのかどうかを明示しておく必要があります。たとえば、特別休暇の2日目までを有給とし、3日目以降を無給とするなどのように定めている会社もあるようです。

⑤所定労働時間外の残業時間とは、所定労働時間を40時間より短くしている事業所で、所定労働時間を超える法定労働時間（1日8時間、週40時間）内の労働時間のことです。一方、⑥法定労働時間外の残業時間とは、法定労働時間を超える労働時間のことです。

■ 労働時間の管理方法

始業・終業時刻の確認・記録	●労働日ごとに始業時刻や終業時刻を使用者（管理者や上司など）が確認し、これを記録する必要がある
確認・記録方法	●使用者自らが確認・記録する方法（管理方式） ●タイムカード、ICカード、残業命令書、報告書などの客観的な記録で確認・記録する方法（タイムカード方式） ●労働者自身に申告・申請させ、確認・記録する方法（自己申告制）
自己申告制の場合の措置	●使用者は、自己申告制の具体的内容を説明し、労働時間の把握について実態調査をしなければならず、申告・申請を阻害するような措置をしてはならない
書類などの保存	●使用者は、労働時間の記録に関する書類について、3年間保存しなければならない

5 給与支給項目の集計をする

項目ごとに集計し、総支給額を算出する

● 固定的給与と変動的給与の集計

　給与計算は、給与の支給項目を集計し、総支給額を算出することからはじまります。支給項目は固定的給与と変動的給与に大別できます。
　固定的給与とは、基本給、役職手当、家族手当、住宅手当など、毎月決まった金額で支給されるものをいいます。一方、**変動的給与**とは、時間外労働など所定外労働時間に対する手当、精皆勤手当など、月により額が変動する給与のことです。

● 固定的給与について

　給与計算をする際に、固定的給与として扱われる基本給や手当の意味合いを確認しておきましょう。
　基本給とは、賃金の中で最も基本的な部分で、本給とも呼ばれています。賃金表（賃金テーブル）がある場合は、会社として従業員ごとに該当する等級・号を確認して集計することになります。また、定期昇給や臨時昇給があった場合は、昇給時期（日付）も確認しなければなりません。
　役職手当は、役付手当ともいわれ、管理・監督あるいはこれに準ずる職制上の責任に対して支給されるものです。たとえば部長手当、課長手当、主任手当などがあります。
　家族手当は、社員の生計費を補完するために支給されるもので、一般的には扶養家族の人数によって金額が決められています。税法上の控除対象配偶者と18歳までの子供を支給基準とする事業所が多いようです。住宅手当は、家族手当と同様に生計費を配慮して支給される手

当です。持ち家と借家、世帯主と非世帯主、住宅ローン、貸借料など、支給基準や金額の相違を明確にしておく必要があります。

　通勤手当は、通勤にかかる費用の一部または全部を事業所が負担するための手当です。税法上の非課税限度額まで認める事業所が多いようですが、必ず支給しなければならない手当ではありません。ただし、経済的で合理的と認められる通勤手段に限られるため、必ずその経路と方法を特定しておきます。

　各手当についても、「支給要件に該当するかどうか」「該当するならどの時点から支給するか」がチェックポイントになります。

● 変動的給与について

　変動的給与については、「時間外労働」「深夜労働」「休日労働」の法定時間外労働に対する手当は、労働基準法による割増賃金の加算が必要です。出勤簿やタイムカード、労働時間管理表を用いてそれぞれの労働者について、日々の出勤・欠勤の状況、労働時間・残業時間などを適正に管理することになります。なお、割増賃金の金額は、割増率を「時間単価」に乗じて算出します。

　以上の固定的給与と変動的給与の合計額から、欠勤や遅刻早退など労働力の提供がない部分を控除したものが給与支給額になります。これは、所定時間労働しなければ（ノーワーク）、給与は支払われないという「ノーワーク・ノーペイ」の原則によるものです（172ページ）。

■ **固定的給与と変動的給与** ……………………………………………

　　　固定的給与　→　**毎月決まった金額で支給されるもの**
　　　　　　　　　　　（例）基本給、役職手当、家族手当、住宅手当など

　　　変動的給与　→　**月により額が変動する給与**
　　　　　　　　　　　（例）時間外労働手当、深夜労働手当、休日出勤手当、
　　　　　　　　　　　　　　精皆勤手当

6 給与からの控除額の計算をする

法定控除と協定控除がある

● 法定控除とは

　給与の総支給額が集計されたところで、次に税金や社会保険料などを控除することになります。給与明細書の控除項目は、「法定控除」と「法定外控除」の2つに分けられます。
　まず、「法定控除」とは、社会保険料や税金など、法律で天引きすることが認められているもののことです。

① 社会保険料

　「健康保険料」「介護保険料」「厚生年金保険料」が該当します。これらの社会保険料は、標準報酬月額に保険料率を乗じた額を月額保険料とします。負担は、会社（事業主）と従業員（被保険者）の折半です。いったん標準報酬月額が決定すると、定時決定、随時改定によって変更されない限り、毎月支給される給与額が変動しても、控除額は変わりません。産前産後休業、育児休業を除く長期の欠勤によって給与の支払いがない場合でも、同額の保険料が発生します。

② 雇用保険料

　従業員（被保険者）が負担する雇用保険料は、賃金を支払う都度、その賃金額に被保険者負担率を乗じて計算します。健康保険や厚生年金保険の保険料と異なり、雇用保険は毎月の給与の支給総額に基づいて保険料を決定します。給与の支給総額が毎月わずかでも増減すれば、保険料額も変動することになります。

③ 所得税

　所得税の額は、「源泉徴収税額表」を使用して求めます。まず、従業員について税額表の横軸「甲欄」「乙欄」と「丙欄」のいずれが適

用されるのかを判定します。通常は税額表の「甲欄」を適用しますが、従業員から「扶養控除等（異動）申告書」が提出されていない場合には「乙欄」、日雇労働者・短期雇用アルバイトについては「丙欄」を適用することになります。次に、従業員の課税給与額（通勤手当のような非課税給与を除く）から社会保険料や雇用保険料を控除した金額を税額表の縦軸「社会保険料控除後の給与等の金額」の区分にあてはめて、該当する税額を算出します。「甲欄」の場合は、「扶養親族等の数」によっても税額が違ってくるので注意が必要です。

④ 住民税

住民税（市町村民税＋都道府県民税）には、特別徴収と普通徴収の2種類があり、会社などの事業所で源泉控除するのは特別徴収です。

◉ 法定外控除とは

一方、「法定外控除」は、社宅・寮費、親睦会費、財形貯蓄（勤労者の貯蓄や住宅購入などの財産形成を促進するために、勤労者が事業主の協力を得て賃金から一定の金額の天引きを行う制度）、貸付金の返済など、法定控除以外のものです。控除は勝手に行うことはできず、労働基準法の規定によって、従業員の代表と使用者が労使協定（賃金控除に関する協定書）を締結する必要があります。

■ 法定控除と協定控除

　総支給額　ー　控除額　＝　手取額

↓
法定控除と協定控除がある

法定控除：社会保険料、雇用保険料、所得税、住民税
法定外控除：労使協定で定めた社宅・寮費、親睦会費、財形貯蓄、貸付金の返済など

7 割増賃金を計算してみる

四捨五入が原則である

● 切り上げるか四捨五入をする

　労働者ごとの1時間あたりの賃金額や割増賃金を計算しようとすると、多くの場合、1円未満の端数が生じます。

　給与計算の端数処理は四捨五入が原則ですが、すべて四捨五入しておけばよいのかというと、そういうものでもありません。労働者によって端数処理の方法がまちまちにならないように、事業所内では統一した基準で端数処理を行うようにします。実務上、どのような端数処理方法があるのかを確認しておくことにしましょう。

　たとえば、月平均所定労働時間数が168時間（1か月あたりの平均労働日数21日、1日8時間勤務）で月給30万円の労働者の場合、割増賃金の算定の基礎となる1時間あたりの賃金額は、

　30万円÷168時間＝1,785.714・・・

となります。この場合、小数点以下の端数については、四捨五入する方法（50銭未満のときは切り捨て、50銭以上のときは切り上げる方法）と切り上げる方法が認められています。

　逆に端数を切り捨てる方法は認められていません。切り捨てることは、給与計算上、労働者に不利になるためです。この例の場合、四捨五入の方法をとれば、1時間あたりの賃金額は1,786円となります。

　また、切り上げの方法をとっても1時間あたりの賃金額は、1,786円となります。

　割増賃金を求める計算の途中では端数処理せず、算出した割増賃金の額の端数を四捨五入または切り上げの方法により処理することもできます。

第5章　給与計算の仕方

なお、労働時間の端数処理については、休日や時間外に労働した場合の労働時間数は、1か月単位で端数処理をしなければならず、1日ごとに端数処理を行うことはできません。

● 割増賃金額を算定する

ここでは、次ページ図の設例を基に、Aさんが今月もらえる割増賃金の具体的な金額を算定してみましょう。

まず、割増賃金の計算の基礎となる賃金を計算します。割増賃金の計算の基礎になる月給には、基本給だけでなく諸手当も含まれます。ただし、通勤手当は除外されること（34ページ）、および設例の条件からは、役職手当のみを加算することになります。

基本給250,000円＋役職手当20,000円＝270,000円

次に、Aさんの1か月の平均所定労働時間を計算します。

237日×8時間÷12か月＝158時間

このように、1か月の平均所定労働時間は158時間ということになります。

● 時間外・深夜・休日（法定休日）労働についての金額の算定

「270,000円」「158時間」を基に、①時間外労働、②深夜労働、③休日（法定休日）労働の金額をそれぞれ計算します。

① 時間外労働

設例によるとAさんの1か月の時間外労働は71時間であり、月60時間を超えていますので、60時間までは割増率25％、60時間を超えた分については割増率50％で計算します。

270,000円÷158時間×1.25×60時間＋270,000円÷158時間×1.5×11時間＝156,360.75…

端数を四捨五入して時間外労働の割増賃金は156,361円になります。

② 深夜労働

Aさんの時間外労働22時間のうち、3時間については、時間外労働と深夜労働が重なる部分ですから、上記①の時間外労働手当に加えてさらに深夜労働分に該当する25％増の割増賃金の支払いが必要です。

　270,000円÷158時間×0.25× 3時間＝1,281.645・・・

　端数を四捨五入して、1,282円になります。

③　休日（法定休日）労働

　270,000円÷158時間×1.35× 9時間＝20,762.658・・・

　端数を四捨五入して、20,763円になります。したがって、割増賃金の合計は、156,361円＋1,282円＋20,763円＝178,406円となります。

　なお、労使協定を締結すれば、時間外労働時間が60時間を超えた場合も、割増率を25％のままとし、法定割増率50％との差、25％を累積して代替休暇（1か月の時間外労働が60時間を超えた場合の25％を上回る分の割増賃金の支払いに代えて、付与する休暇のこと）を取得させることもできます。

■ 設例（Aさんの勤務形態）

① Aさんは X 社に勤めている。
② X 社の1日の所定労働時間は8時間。
③ X 社の社内カレンダーによれば、今年の年間労働日数は237日。
④ Aさんの今月の時間外労働等は、時間外労働が71時間（うち深夜労働が3時間）休日（法定休日）労働が9時間。
⑤ Aさんの給与を構成する手当は以下のとおり。
　　基本給　　250,000円　　役職手当　　20,000円
　　家族手当　　20,000円　　住宅手当　　20,000円
　　通勤手当　　10,000円

※）X 社は割増賃金の計算において1円未満の端数をそのまま使っている
※）支給されている家族手当、住宅手当は割増賃金の基礎とならないものとする

● パートタイマーにも割増賃金の支払いが必要か

　パートタイマーの賃金を昇給させることや、正社員と同様に賞与を支給するということが必要となるわけではありません。しかし、パートタイマーを会社の重要な戦力として位置づけているのであれば、パートタイマーの士気向上のためにも昇給や賞与の支給について、会社の業績、個々の経験や能力、勤続年数などを考慮して検討する必要があります。

　昇給は通常、勤続年数や経験・技術の向上を考慮して行われます。昇給幅については、各会社の事情によって決定すればよいでしょう。

　賞与は雇用契約書や就業規則などに支給要件を定めている場合は賃金の一種として扱われるものですから、パートタイマーであっても支給要件を満たすのであれば支払わなければなりません。条件が異なる場合はパートタイマー用の就業規則の整備が必要です。また、パートタイム労働法では、書面で明示しなければならない労働条件に賞与の有無、昇給の有無、退職金の有無なども含まれます。

　労働基準法32条により、労働時間は原則として１週間に40時間以内、１日８時間以内（休憩時間を除く）とされています。休日は同法35条により毎週少なくとも１回あるいは４週間で４日以上与えなければならないと規定されています。これを超えて労働させる場合、使用者は通常の賃金に加え、政令で定められた割増率で算出した割増賃金を支払わなければなりません（37条）。割増率は、原則として延長した労働時間（時間外労働）について25％、休日（法定休日）労働について35％です。

　労働基準法の規定ですから、パートタイマーにも正社員同様に適用されることになります。週40時間、１日８時間という労働時間も同じように適用されます。

　たとえば、労働契約で９時から14時まで、週５日間という所定労働時間を定めたパートタイマーが、繁忙期に１週間の間１日２時間ずつ

時間を延長して労働したとしても、通常の時間給を支払えばよく、割増賃金を支払う必要はありません。したがって、所定労働時間が一般の労働者より短いパートタイマーに割増賃金を支払う機会は少ないようです。

休日労働についても同様で、たとえば、週3日しか働いていないパートタイマーが本来は休日であるはずの日に出勤したとしても、その日は法定外休日となるため毎週1回、あるいは4週間で4日以上の休日があるのであれば、割増賃金を支払う必要はありません。

ただ、これらの規定は最低基準です。そのため、労使間の協定や就業規則、労働契約などで「所定労働時間外、所定の休日外に労働した場合は、割増賃金を加算して賃金を支給する」と規定している場合は、これに従う必要があります。

■ **パートタイム労働者の賃金と昇給**

賃金の決定	昇給・賞与
◆パートタイマーの経験・資格等 ◆会社の業績 ◆パートタイマーが従事する仕事の内容 ◆近隣同業他社の相場 ◆労働力市場の状況　など ↓ 以上のようなことを考慮し、最低賃金を下回らない額とする	◆パートタイマーの勤続年数 ◆会社の業績 ◆パートタイマーの会社への貢献度 ◆知識、経験、技術の向上度合い ◆就業規則などによる取決め　など

第5章　給与計算の仕方

8 欠勤や遅刻・早退をした場合の控除額について知っておこう

給与は労働者が提供した労働力に対して支払われる

● どのようにして控除額を定めるのか

　給与は労働者の労働力の提供に対して支払われるため、体調不良などの理由により労働者が仕事を休んだ場合、使用者は、その休んだ日数分の給与を支払う必要はありません。これを**ノーワーク・ノーペイの原則**といいます。まる1日欠勤した場合だけでなく、始業時刻に遅れた場合（遅刻）、終業時刻の前に帰った場合（早退）、業務の自発的中断（途中離業）についても、労働力が提供されていない時間分は、給与を支払う必要がありません。ノーワーク・ノーペイの原則に基づく控除額について、労働基準法ではとくに定めを置いていないため、実際に休んだ分の賃金を超えない範囲内で、各会社で独自にルールを定めることになります。実務上は就業規則や賃金規程に規定を置き、それに従って控除額を算出しています。

　一般的な控除額の算出方法としては、「月給額÷1年間の月平均所定労働日数×欠勤日数」で算出する方法をとっている会社が多いようです。遅刻や早退などで1時間あたりの控除額を算出する場合は、「月給額÷1年間の月平均所定労働日数÷1日の所定労働時間」で控除額を求めます。

　また、「月給額÷該当月の所定労働日数×欠勤日数」で算出することにしている会社もあります。ただ、この方法で計算する場合は、毎月控除額が変わることになりますから、給与計算処理が面倒になるというデメリットがあります。控除額を計算する際、給与を構成するどの手当を含めて控除額を計算するのか、という点についても賃金規程などで定める必要があります。

なお、就業規則により、職場の規律に違反した労働者に対し、制裁として給与を減額する方法があり、これを**減給**といいます。ただ、給与は労働者の生活を維持するための重要なものですから、労働基準法91条は、減給による控除額を制限しています。

● 労働者が欠勤・遅刻・早退した場合の控除

ノーワーク・ノーペイの原則に基づき、労働者が欠勤・遅刻・早退した場合には、その分を給与から控除することができます。

具体例で計算してみましょう。

Z社に勤務しているＣさんは、今月、欠勤を１日、遅刻を３時間した。Ｚ社の１年間の月平均所定労働日数は20日で、１日の所定労働時間は８時間である。Ｃさんの給与を構成する手当は以下のとおり。なお、Ｚ社は控除額を計算するときは、給与のうち基本給だけを対象としている。

基本給　220,000円　　家族手当　20,000円
通勤手当　15,000円

※）Ｚ社は、欠勤１日につき１年間の月平均所定労働日数分の１を控除するという方法をとっている

このような場合、欠勤分の控除額と遅刻分の控除額を別々に算出します。まず、欠勤した分の控除額を求めます。Ｃさんの場合、220,000円を１年間の月平均所定労働日数で割って、これに欠勤日数を掛けます。

220,000円÷20日×１日＝11,000円（１日分の控除額）

続いて、遅刻した分の控除額を計算します。１時間あたりの控除額は１日あたりの控除額を所定労働時間で割って求めます。

11,000円÷８時間×３時間＝4,125円（３時間分の控除額）

したがって、Cさんの今月の給与から控除される額は、
11,000円 + 4,125円 = 15,125円 ということになります。

なお、Z社では、皆勤手当や精勤手当といったその月の出勤状況によって支給額や支給するかどうかが決まる手当がないため、このような計算になります。しかし、皆勤手当や精勤手当が支給されることになっている事業所では、欠勤、遅刻、早退などの状況によって、手当を支給しない（支給要件に該当しない）、支給額を減額する、といった処理が必要になります。

また、従業員が規律違反を犯した場合、会社として減給処分を下すことがあります。ただ、給与は労働者の生活を維持するための重要なものですから、減給の制裁には一定の制限があります。減給の制裁として下図のように上限額が労働基準法で定められているので注意が必要です。

たとえば、1日1万円が平均賃金の場合、1回の減給の上限額は5,000円になります。月給30万円の場合、1か月の減給の上限額は3万円になります。この2つの条件は同時に満たす必要があります。

■ 減給制裁の限界

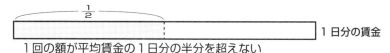

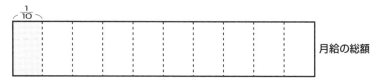

9 給与支給額を計算してみる

一定の手順に従って計算する

● 例を使って支給額を計算する

　給与計算の仕方について一通り見てきましたので、例を使って実際に給与計算をして見ることにしましょう。下のケースで、A社に勤める労働者Pさんに今月支給する給与額を算出します。

手順1　総支給額を求める

　まず、Pさんの今月の時間外労働の賃金を計算します。Pさんの給与のうち割増賃金の計算の基礎となるのは、基本給の他に、役職手当、皆勤手当の諸手当です。A社の年間労働日数は237日ですから、1か月の平均所定労働時間は、

　（237日× 7時間）÷12か月＝138.25時間

となります。これを基礎として割増賃金を計算します。

① 所定労働時間外労働

　280,000円÷138.25時間× 8時間＝16,203円（四捨五入）

② 法定労働時間外労働

　280,000円÷138.25時間×1.25×17時間＝43,038円（四捨五入）

③ 深夜労働

　280,000円÷138.25時間×0.25× 4時間＝2,025円（四捨五入）

④ 休日労働

　280,000円÷138.25時間×1.35× 9時間＝24,608円（四捨五入）

　したがって、Pさんの今月の給与の総支給額は、以下のようになります。

　　固定的給与＝基本給（250,000円）＋住宅手当（25,000円）＋役職手当（20,000円）＋家族手当（20,000円）＋通勤手当（15,000円）＝330,000円

変動的給与＝皆勤手当（10,000円）＋所定時間外労働手当（16,203円）＋法定時間外労働手当（43,038円）＋深夜労働手当（2,025円）＋休日労働手当（24,608円）＝95,874円

合計＝425,874円となります。

手順2 控除額を求める

次に、Pさん（40歳未満）の今月の給与から控除される項目について見ていきましょう。まず、雇用保険料、健康保険料、厚生年金保険

■ **設例（A社とPさんのデータ）**

> ●**A社（製造業、東京都）のデータ**
> ・今月の勤務日数　20日（年間所定労働日数　237日）
> ・所定労働時間　9:00〜17:00（うち休憩 12:00〜13:00）
> ・所定休日　毎週土・日曜日、祝祭日、年末年始休暇、夏季休暇（年間休日128日）
> ・割増賃金の端数処理計算の途中過程では端数処理をせず、残業時間を掛けた後に四捨五入する
> ・健康保険の保険者は全国健康保険協会
> 　Pさんの標準報酬月額は、340,000円
>
> ●**Pさん(39歳)のデータ**
> ・扶養親族　子1人(14歳)：扶養控除等申告書提出済み
> ・給与の支給項目(合計 340,000円)
> 　基本給　250,000円　　住宅手当　25,000円
> 　役職手当20,000円　　皆勤手当　10,000円
> 　家族手当20,000円　　通勤手当　15,000円（全額非課税）
> ・健康保険料、厚生年金保険料以外の給与からの控除項目
> 　住民税　15,000円　　財形貯蓄　20,000円（労使協定あり）
>
> 〈今月のPさんの勤怠状況〉
> ・出勤日数20日(欠勤日数0日)
> ・所定労働時間外労働　8時間
> ・法定労働時間外労働　17時間（そのうち、深夜労働4時間）
> ・休日労働9時間
> ※有給休暇はとっていない

料を算出します。

A社の事業である製造業は雇用保険上「一般の事業」で、Pさんの今月の給与支給総額は425,874円ですから、この金額に平成30年度の雇用保険率1000分の3（被保険者負担分）を掛けて雇用保険の保険料を求めます。

425,874円×0.003＝1,278円となります。

健康保険料については、A社は東京都にあり、保険者は全国健康保険協会ですから、Pさんには東京都の料率（平成30年3月から9.90％）で計算することになります。Pさんの標準報酬月額は340,000円で、39歳のPさんには介護保険料はかかりませんから、Pさんが負担する健康保険料は16,830円となります。

一方、厚生年金保険料については、平成29年5月分からは、保険料率が18.3％（被保険者負担分は9.15％）ですから、標準報酬月額340,000円の人の負担分は、31,110円です。

続いて、源泉所得税を求めます。源泉所得税は、総支給額から非課税通勤費と社会保険料を控除した後の金額を基準として、税額を計算します。

425,874円（総支給額）－15,000（非課税通勤費）－16,830円（健康保険料）－31110円（厚生年金保険料）－1,278円（雇用保険料）＝361,656円（課税対象額）

この362,090円を、源泉徴収税額を割り出す資料である、給与所得の源泉徴収税額表（月額表、平成30年分）にあてはめると、「その月の社会保険料控除後の給与等の金額」の欄の362,000円以上365,000円未満が該当します。

Pさんの扶養親族は子1人ですから、該当する金額10,090円が、今月のPさんの給与から控除する源泉所得税の金額になります。

控除項目がすべて算出できたので、整理してみましょう。控除項目は、①健康保険料16,830円、②厚生年金保険料 31,110円、③雇用保

険料1,278円、④源泉所得税10,090円、⑤住民税 15,000円、⑥財形貯蓄20,000円です。そこで、控除額合計は、94,308円となります。

手順3　差引支給額を求める

Ｐさんが今月、実際に給与として受け取る金額である差引支給額を求めます。差引支給額のことを実際に手に取る金額という意味で「手取額」ともいいます。

手順1 で求めた総支給額から控除額の合計額を差し引きます。

425,874円 − 94,308円 = 331,566円（手取額）

331,566円が今月Ｐさんに支給される手取り給与の金額になります。

手順1 ～ **手順3** によって求めたＰさんの給与を下図のように給与明細書に記載します。

■ 今月のＰさんの給与明細

| 給与明細書 | | | | 平成○年○月分 | 所属 | 製造 | 社員No | 24 | 氏名 | Ｐ | 殿 |

支給

基本給	役職手当	家族手当	住宅手当	皆勤手当	時間外手当(法定内)	時間外手当(法定外)	休出手当	深夜残業	課税交通費	非課税交通費
250,000	20,000	20,000	25,000	10,000	16,203	43,038	24,608	2,025	0	15,000
									不就業控除	総支給額
									0	425,874

控除

健康保険料/介護保険料	厚生年金料	雇用保険料		社保料合計	課税対象額	所得税	住民税			
16,830 / 0	31,110	1,278		49,218	361,656	10,090	15,000			
互助会費	生命保険料	財形貯蓄							控除額合計	
		20,000							94,308	
				差引支給額	端数調整額	銀行振込			現金支給額	
				331,566	0	331,566			0	

勤怠

出勤	休出	年次	特休(有)	特休(無)	欠勤	遅刻外時間	時間外(法定内)	時間外(法定外)	休日時間	深夜等時間	実働時間
20	1	0	0	0	0	0	8.00	17.00	9.00	4.00	174.00

10 給与規程を作成する

就業規則とは別規程とするのが一般的である

● 給与規程の定め方

　給与規程は通常、事業所の就業規則の付属規定として定められています。ただし就業規則の本基則と分けて別規程としても、就業規則の一部であることに変わりはありませんから、本規則と同時に作成して、かつ労働基準監督署への届出もしなければなりません。その他、就業規則の作成手続などの規定も適用されます。正社員とパート社員の給与規程を分けることもできますので、どのような種類の労働者にどの給与規程が適用されるかを明確にしておく必要があります。以下、給与規程の各規定を定める際のポイントについて見ていきましょう。

① **給与支払いの原則を明確にし、給与体系を示す**

　どのような種類の給与が支給されるのかをまとめて明記しておくと、給与体系が一目瞭然となるので、給与担当者の便宜や新たに労働者を雇用した場合に見せる場合など、さまざまなメリットを得ることができます。給与のうち、基本給は、年齢給、職務給といった形で決定することができます（31ページ）。

② **給与の計算期間と支払日**

　給与の支払日についての記載は、就業規則の絶対的必要記載事項です。給与の支払いについては、毎月一定の日を支払日と定めなければなりません。ただし、支払日を一定の日に定めたとしても、その日が会社の休日や金融機関の休業日に該当する場合には、事実上支払いができなくなります。そのため、書式例の第9条第2項（185ページ）のように、支払日を繰り上げることを規定しておきます。

③ **給与の支払方法**

給与の支払方法も、就業規則の絶対的必要記載事項です。給与の支払いには通貨払いの原則が適用されますから、給与を銀行振込みにするためには、労働者の個別の同意が必要になります。もし、同意が得られなかった場合は、原則に従って、本人に現金で渡さなければなりません。また、給与の振込みに使用する労働者本人の金融機関口座は本人が指定する口座でなければなりません。この場合、振り込まれた給与の全額が所定の給与支払日に払い出しできるようにしなければなりません。

④　**給与の支払形態**

　毎月決まって支給される給与については、算定の単位により時給制、日給制、月給制といった形態があります。

　月給制とは、給与が月の一定期日に締め切られ、その後一定の期日に支払われる制度です。たとえば、20日締めの25日払いという会社や末日締め翌月10日払いといったようなケースです。月給制をとりながら基本給の額が日額で定められている場合を、**日給月給制**といいます。遅刻・欠勤については時間（分）単位で計算して、カットします。**日給制**とは、1日の所定労働時間につき給与額を定める制度です。1日単位で労働の内容を測ったとき、同量の労働が日々繰り返されているというような場合に適した制度といえます。労働時間を単位として給与額を決定する制度が**時給制**です。時間（分）単位で測ったとき、労働の量が同じような場合に適した制度といえます。出来高払制とは、労働者の製造した物の量や売上げの額などに応じた一定比率で額が定まる賃金制度をいいます。年俸制とは、給与の全部または相当部分を労働者の業績等に関する目標の達成度を評価して年単位に設定する制度といえます。年俸制は、労働時間の量を問題とする必要のない管理監督者や裁量労働者に適した賃金制度だと考えられます。

⑤　**賃金の控除**

　賃金には全額払いの原則がありますが、例外として、使用者は、税

金、社会保険料等を賃金から差し引いて賃金を支払うことが法律上認められています（労働基準法24条）。

　また、使用者は、賃金控除に関する労使協定を締結し、控除の事由、時期、金額などを定めたときは、その定めに従って賃金から控除を行うことが認められています。今日では、社宅・寮の使用料、福利厚生施設の利用料などを控除している例が多いようです。

⑥　非常時払い

　使用者は、労働者が出産、疾病、災害その他命令で定める非常の場合の費用にあてるために請求する場合においては、支払期日前であっても、既往の労働に対する賃金を支払わなければなりません（労働基準法25条）。労働基準法25条は賃金の前払いではなく、支払日の繰上げを定めたものといえます。

⑦　日割計算

　賃金の計算方法は、就業規則に必ず記載しなければならない絶対的必要記載事項です。給与規程には、労働者が所定労働時間の労働をしなかった場合（中途入社、退社など）に、月給全額を支払うのかどうか、支払わない場合は、賃金をどのような計算方法で減額するのかを明らかにしておく必要があります。

⑧　不就労時の取扱い

　労働者が労働するという責務を果たさなかった場合、その労働しなかった日や時間に対する賃金は支給されないのが原則です（ノーワーク・ノーペイの原則）。この場合に、賃金の支給の有無、支給する場合の減額方法を明記しておきます。なお、遅刻、早退、欠勤に対する賃金のカットは、実際に労働しなかった時間に相当するだけのカットであればかまいませんが、それを超える額の差引をすると、その部分については制裁としての減給となるので注意してください。

⑨　平均所定労働日数、平均所定労働時間

　賃金計算の便宜のため、年間所定労働日数・時間を月ごとに割り、

平均的な日数と時間を算出しておきます。1か月の平均所定労働日数・時間を基準とすることで、月ごとに異なった日額、時間額になるという不都合を避けることができます。

ただし、1か月の平均所定労働日数で計算することには、次のような欠点があります。たとえば、年間における1か月平均所定労働日数21日の場合、その月の所定労働日数23日であったとしても、労働者が21日間欠勤した時は、2日間労働したにもかかわらず、賃金が支給されないことになってしまいます。また、所定労働日数が20日で、すべての日を欠勤したような場合でも、1日分の賃金が支給されてしまうのです。このような欠点を補うため、その月については、所定労働日数を1か月の平均所定労働日数とみなすというような調整規定を置くとよいでしょう。

● 賃金の計算

労働基準法115条は、賃金などの請求権につき2年、退職金の請求権については5年の消滅時効を定めています。賃金の計算・端数処理・改定に関する規定については以下の点について注意しましょう。

① 日額・時間額の計算をする場合

割増賃金などの計算の基礎となる労働日または労働時間の賃金の計算方法については、労働基準法施行規則19条に、ⓐ時給については、定められた金額、ⓑ月給で定められている場合は、所定月給額を月の所定労働時間数または1年間における1月平均所定労働時間数で割った金額、ⓒ出来高払制その他の請負制によって定められた賃金については、その賃金算定期間において計算された賃金の総額を当該賃金算定期間における総労働時間数で割った金額、などと定められています。給与規程に掲載する場合にも、法令違反がないように規定します。

② 端数処理をする場合

賃金計算を行う上で、端数も当然発生します。そこで、行政解釈に

より、たとえば、1時間あたりの賃金額あるいは割増賃金額に1円未満の端数が生じた場合、50銭未満の端数を切り捨て、それ以上を1円に切り上げて処理することが認められています。

③ **賃金の改定をする場合**

多くの会社で毎年一定の時期（通常新入社員が入社する4月に行う会社が多い）に定期昇給が行われています。

最近では、定期昇給についての各労働者の昇給額の判断は、その労働者の勤続期間や年齢といった客観的要件だけで判断する場合が少なくなり、労働者の仕事についての能力、習熟度、出勤率などを考慮し、使用者の人事考課に基づく主観的要件も加味するのが一般的になっています。また、賃金のうち、基本給とともに定期昇給で見直される手当は、基本給の基本的な賃金の機能を補完するものとして付加的に支給される賃金です。賃金の不均衡を調整するのに便利ですが、手当の意味を明確にしておくことが必要です。

賃金の昇給に関する事項は、就業規則の絶対的必要記載事項です。また、査定によって賃金を引き下げる場合について、労働基準法にその記載はありません。会社独自に制度として設けるのであれば、その旨を就業規則に記載する必要がありますが、その賃金引き下げをすること自体に合理性や必要性が問われるため注意が必要です。

● 賞与について

労働者に賞与を支給するかどうかは、使用者にゆだねられています。支給額や支給方法の決定は、原則として使用者の自由ですが、就業規則などで賞与の支給基準が明確に示されており、その基準に基づいて賞与を支給しないことにつき何ら客観的な事由がない場合は、使用者の恣意的調整が認められないこともあります。会社で賞与を支給する場合には、臨時の賃金として就業規則への記載が必要になります。

書式 給与規程（正社員用）

給与規程

第1章　総　　則

第1条（本規程の目的） この規程は、就業規則第〇条に定めた、社員の給与および賞与の基準や手続きの方法を定めたものである。

第2条（遵守義務） 会社および社員は、この規程を誠実に守り、お互いの信頼を高めるように努力しなければならない。

第3条（本規程が適用される社員） 本規程は、就業規則の社員に適用するものとする。

第4条（給与の体系） 給与の体系は、次のとおりとする。

① 給　　与

イ　基準内賃金

基本給、役職手当、職種手当、家族手当、住宅手当、資格手当、調整手当

ロ　基準外賃金

時間外勤務手当、深夜勤務手当、休日出勤手当、その他諸手当、通勤手当

② 賞　　与

第5条（給与支払の形態） 月々の給与支払の形態は、日給月給制とする。

第6条（給与の支払方法） 給与は、その全額を通貨で直接、社員に支払うこととする。

2　前項の規定にかかわらず、社員の同意があったときは、社員が指定する銀行や金融機関の本人名義の口座に振り込むことにより給与を支払うことができる。

第7条（給与控除） 前条の規定にかかわらず、給与からは、次のものを控除することとする。

① 源泉所得税

② 健康保険、厚生年金保険、雇用保険などの各種社会保険料
③ 特別徴収の住民税
④ 給与から差し引くことについて、社員の過半数を代表する社員と書面によって協定されたもの

第8条（給与の計算期間）給与の計算期間は、前月21日から当月20日をもって締め切るものとする。

第9条（給与の支払日）給与の支払は、当月25日とする。
2　給与の支払日が金融機関の休日のときは、その前日に支払うものとする。

第10条（給与支払いの原則）給与は、実際に働いた労働に対して支払うことを原則とする。
2　前項においては、とくに決めたとき以外は、休日や働かなかった日については給与を支払わないものとする。また、会社の指示命令に反して働いても給与を支払うことはない。

第11条（非常時払い）第9条の規定にかかわらず、次の事由のいずれかに該当する場合には、社員または①の場合はその遺族の請求により、給与支払日の前であっても、既往の労働に対する給与を支払うものとする。
① 社員が死亡したとき
② 社員またはその収入により生計を維持する者に、結婚・出産、死亡、病気・ケガ、災害が生じた場合や1週間以上の帰郷を必要とするとき

第12条（金品の返還）社員の死亡や退職、または金品の権利をもつ者（本人や遺族）から請求があったときは、7日以内に給与を支払うこととする。

第13条（日額・時間割の計算方法）割増賃金の計算や不就労控除に用いる日額または時間額の計算は、次の例による。
　日　額……時間額×1日の所定労働時間数
　時間額……その者の基準内賃金÷1か月の平均所定労働時間

第14条（端数処理）日割計算、時間割計算、残業手当などの計算で、1円未満の端数が生じたときは、手当ごとにすべて切り上げて計算する。

第15条（給与控除・欠勤等）社員が欠勤などをしたときの給与は、欠勤した日や時間について、日割または時間割で計算した額を減額する。

2　給与計算期間の全労働日を欠勤したときは、給与は無給とする。

第2章　基本給与

第16条（総則）基本給は、所定労働時間を働いたことに対する報酬で、1日単位の額を算出するときは、1か月の平均所定労働日数で割ったものとする。

第17条（基本給の決定）基本給は、本人の年齢、能力、経験などを考慮して決定する。

第18条（初任給）新規学卒者や中途採用者の初任給は、その年の会社の経営状況や経済状況によって決定する。

第3章　諸手当

第1節　役職手当

第19条（役職手当）役職手当は、役職者に対し、別表のとおり支給する。

第2節　職種手当

第20条（職種手当）職種手当は、職種により別表のとおり支給する。

第3節　家族手当

第21条（家族手当）扶養家族を有する社員に対して、家族手当を支給する。

2　前項の扶養家族とは、社員に生計を維持されている下記の者をいう。

①　配偶者
②　満18歳未満の子

3　家族手当の支給の区分は次のとおりとする。
①　配偶者　　月額　一律金15,000円
②　子　　　　月額　一子につき　一律金7,000円

第22条（扶養家族の届出） 新たに採用された社員に扶養家族がある場合や、次のいずれかに該当する場合には、社員は速やかにそのことを会社に届けなければならない。
①　新たに扶養家族としての条件に適合するようになったとき
②　扶養家族としての条件に適合しなくなったとき

第4節　住宅手当

第23条（住宅手当） 住宅手当は、世帯主の区分に応じて別表のとおり支給する。

2　社員の住宅手当を受ける条件が変更となったときは、これを速やかに報告しなければならない。

第5節　資格手当

第24条（資格手当） 資格手当は、資格により別表のとおり支給する。

第6節　調整手当

第25条（調整手当） 調整手当は給与を決定または変更するときに総支給額に不足があったとき、例外的に補充する手当とする。

第7節　通勤手当

第26条（通勤手当） 通勤手当は、社員が通勤のために利用する最短距離の合理的な方法と会社が決めた経路の交通機関の実費を、その月の給与に含めて支給する。

2　バスの通勤は、自宅から最寄駅まで1km以上の距離があるときに、これを認めるものとする。

第8節　手当の返還

第27条（手当の返還） 諸手当につき、支給されていた条件が変わる場合は、速やかにその旨を届け出ることを要する。

2　前項の報告がなく、または虚偽の報告を行った場合で、その報告の真偽が判明した場合は、その報告がない時点、または虚偽報

告のときからの支払われた金額の全額を返還することを要する。

第9節　残業手当など

第28条（残業手当、休日出勤手当） 残業手当と休日出勤手当は、会社の命令によって残業した場合、または休日に勤務したことに基づいて支給する。

第29条（残業手当と休日出勤手当の額） 残業手当の額は、1時間あたりの算定の基礎額に1.25を乗じた額で計算する。ただし、月間の残業時間が60時間を超える場合には、超えた分について1時間あたりの算定の基礎額に1.5を乗じた額で計算する。

2　休日出勤手当の額は、1時間あたりの算定の基礎額に、次の乗率をかけた額とする。

① 法定休日出勤の場合　　　1.35
② 法定外休日出勤の場合　　1.25

3　前項第1号の法定休日出勤とは、就業規則に定める法定休日に出勤した場合をいう。

第30条（深夜勤務手当） 深夜勤務手当は、会社の命令で午後10時から午前5時までの間に勤務した場合に支給する。

第31条（深夜勤務手当の額） 深夜勤務手当の額は、1時間あたりの算定の基礎額に0.25を乗じた額とする。

2　残業や休日出勤が深夜に及んだときは、残業や休日出勤手当の額に、深夜勤務手当の額を加算して支給する。

第4章　給与の見直し

第32条（総則） 給与の見直しは、その勤続年数、年齢、勤務態度等を総合的に審査して決定する。

第33条（適用除外） 次に掲げる者は、昇給対象者から除外する

① 入社してから1年を経ない者
② 休職している者

第34条（支給時期） 原則として毎年4月に給与の見直しを行う。

第5章 賞　　与

第35条（賞与） 賞与は、会社の業績に社員の勤務成績などを考慮して支給する。ただし、都合により支給できない場合もある。

2　賞与の支給対象者は、支給日当日において在籍する社員とする。

3　支給の時期は夏季と冬季の年2回を原則とする。

4　支給にあたっての社員の勤務成績などを算定する期間と支給する月は、次のとおりとし、支給日はその都度定める。

　① 夏季賞与　　前年11月21日から当年5月20日までを算定期間とし、7月に支給する。

　② 冬季賞与　　当年5月21日から当年11月20日までを算定期間とし、12月に支給する。

5　賞与を算定する場合に、勤務が6か月に満たない社員の賞与の支給は、その都度決定する。

6　以上の他、会社の業績により、決算賞与などを支給する場合がある。

附　　則

1　本規程は、平成○年○月○日から施行する。

2　この規程の主管者は総務部門長とする。

3　本規程を改廃する場合には、従業員の代表の意見を聴いて行うものとする。

※規程の制定・改廃記録の記載については省略

賞与について知っておこう

自己都合で退職した場合や解雇になると賞与が支払われないこともある

● 賞与はどのような性質のものなのか

賞与とは、毎月の賃金とは別に、会社からの利益還元や業務成績に対する報償などの意味で支給される一時金のことをいいます。賞与は支給することが義務づけられるものではありません。

賞与を支給する会社では、就業規則などに規定を置きます。就業規則、労働協約、労働契約などで賞与の支給時期や計算方法が定められている場合は、会社として労働者に賞与を支払うことが労働契約の内容になっていますから、労働者は会社に賞与を請求できます。

どのような条件で賞与を支払うかは使用者が自由に決定できます。賞与の支給額は、その会社の業績によって変動する場合が多いようです。

● 会社には原則として賞与支払義務はない

賞与は、過去の労働に対する報酬という意味合いがあるといわれています。したがって、査定対象期間の締切日が過ぎてから査定したり金額を決めたりする必要があり、通常、賞与の支給日は締切日より少し後になります。

では、締切日から支給日までの間に労働者が自主退社、あるいは、解雇された場合にも賞与を支払わなければならないのでしょうか。

給与は、今後の労働意欲の向上発展に対する期待という意味合いがあるともいわれています。したがって、自己都合で辞めたり、解雇されたことにより、賞与支払日に在籍していない人は支給しない場合も多いようです。この場合、「賞与は、その支給日に在籍している社員に支給する」という賞与規定を定めておきます。

「賞与はその査定対象期間の在籍者に支給する」という規定がある場合はどうでしょうか。査定対象期間に在職していて支給日前に退職していたようなケースが考えられますが、この場合には賞与を支給する必要があります。

この他にも、その会社の慣行として支給時期や最低支給割合などが決められていて、過去にも退職者に支払った例がある場合には、退職後でも賞与を支給する必要がある可能性があります。

● 支給対象者をどのように決めればよいのか

賞与を支給するにあたっては、あらかじめ就業規則や社内規程に「冬季賞与は〇月〇日から〇月〇日までを、夏季賞与は〇月〇日から〇月〇日までをそれぞれその算定対象期間とする」などというように対象となる勤務期間を定めておきます。

この勤務期間が賞与を支給するための成績査定の査定対象期間となります。期間中の各人の勤務ぶりや出勤率を査定して、賞与の金額を決めることになります。賞与の支給対象者は、会社によってまちまちです。査定対象期間のうち8割以上出勤した者をその支給対象者とするといった会社もあります。

■ 退職者への賞与の支給の有無

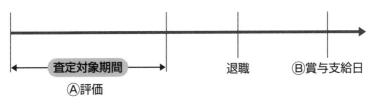

※賞与の支給対象はどのタイミング（ⒶまたはⒷ）で在籍している社員とするか、明確に就業規則などで定めておく必要がある

● 賞与支給時に在籍していない従業員にも賞与を支払うのか

　退職者への賃金については、月々の賃金の前回締日から退職日までの労働分について、退職日以降にその分を受け取ることができますが、賞与の場合は支給日に在籍していることを支給要件とすることが認められています。これは、賃金が労働への対価であるのに対し、賞与は在職する労働者に対する慰労と今後の労働への奨励という意味合いが強いからです。

　ただし、支給時点の在籍を賞与の支給要件とするためには、その旨が就業規則などに明記されていることが必要になります。

　また、退職には、定年退職や死亡退職など、本人の意思によらずに退職しなければならないケースもありますが、このような場合でも、判例では支給時点での在籍を賞与の支給要件とすることが認められています。

　なお、次のような場合には、たとえ支給時点に在籍していなかったとしても、賞与の支給義務が認められる可能性があります。

① **６月に支給予定だった賞与の支給が遅れたまま７月に退職したが、他の社員には８月に賞与が支給されている場合**

　賞与の支給要件となる「支給時点の在籍」とは、実際の支給日ではなく、支給予定日とするというのが判例の見解となっています。

② **賞与の支給日前日に突然整理解雇になった場合**

　整理解雇は経営不振による合理化など経営上の理由に伴う人員整理のことで、リストラともいいます。その整理解雇が合理的な必要性に欠けているなど、問題があると判断される場合には、解雇そのものが無効となることがあります。

● 有給休暇を取得した社員の賞与減額について

　有給休暇とは、一定の給与の支給が保障された休暇のことをいいます。労働基準法では、労働者の継続勤務期間や所定労働日数によって

一定の日数以上の有給休暇を与えるよう、使用者に義務づけています（39条）。労働者は、付与された有給休暇の取得をいつどんな理由で請求してもよく、使用者は労働者から請求されれば原則としてその時季に有給休暇を与えなければなりません。

このように、有給休暇は労働者に認められた正当な権利であり、これを取得することによって支払われるべき賃金を減額するといったことはできないことになっています。有給休暇は欠勤とは異なりますので、出勤率が低下することにはなりません。

労働基準法附則では、有給休暇を取得した労働者に対し、賃金の減額その他の不利益な取扱いをしないよう求めています（136条）。就業規則等で規定された賞与は、労働基準法上の賃金に含まれますから、有給休暇の取得を賞与の減額の理由とすることには問題があります。判例でも、年次有給休暇を欠勤として賞与の計算をすることはできないという解釈が出されています。

ただし、有給休暇を取得したことで業務の時間が減り、結果として労働者が売上や製品製造量のノルマをクリアできないことがあります。この場合には、労働者に対して「あくまでノルマをクリアできなかったことなどを含めた評価の結果、減額した」という主張をすることは可能です。有給休暇の取得自体が理由となっていない以上、この主張には正当性がありますので、賞与の減額が認められる可能性が高くなるといえるでしょう。ただし、賞与の減額が、他の労働者の評価と比較して著しく公平性に欠ける場合や通常考えられる限度を超えている場合などは、有給休暇を取得したことによる罰則的な意味合いが強いと判断され、違法な賞与の減額となる可能性があるため注意が必要です。

12 賞与額を計算してみる

手順に従って控除額を計算す

● 賞与の額を計算する

具体的な計算例を挙げて、賞与の計算方法を見ていきましょう。

> ＜設例：サービス業の会社の現場で働くＱさん（42歳）の場合＞
> 賞与の支給額：500,000円
> 前月の社会保険料控除後の給与の額：324,895円
> Ｑさんの扶養親族等の数：２人（扶養控除等申告書提出済み）

以上がＱさん（42歳）に支給される賞与の計算上必要なデータです。この場合の賞与から控除される社会保険・源泉所得税の金額と実際にＱさんが受け取ることになる金額を計算してみます。

手順1　健康保険と厚生年金保険の額を算出する

最初に賞与額から控除する健康保険と厚生年金保険の額を計算します。Ｑさんは42歳ですから、40歳以上の被保険者が負担する介護保険の保険料も徴収することになります。健康保険料率は加入する健保組合によってそれぞれ異なっていますが、ここではＱさんが全国健康保険協会（協会けんぽ）東京支部に加入していると仮定して説明しましょう。協会けんぽ東京支部では介護保険第２号被保険者に該当する人の健康保険料の被保険者負担割合は1000分の57.35（平成30年３月分から）ですから、Ｑさんは28,675円の保険料を負担することになります。

500,000円×57.35／1,000＝28,675円

同様に厚生年金保険料の額を求めます。厚生年金保険料率は平成29

年9月分からは1000分の183.00ですが、健康保険と同様に労使で半分ずつ負担するので、Qさんの負担率は1000分の91.5となります。したがって賞与の額に1000分の91.5を掛けて算出した金額が被保険者負担分となります。

500,000円×91.5／1000＝45,750円

手順2 雇用保険の保険料を算出する

次に賞与から控除する雇用保険の保険料を求めます。雇用保険料率は業種によって違いがありますが、平成30年度のサービス業（一般の事業に含む）についての雇用保険率（被保険者負担分）は1000分の3ですから、500,000円に1000分の3を掛けて雇用保険料の被保険者負担分を算出します。

500,000円× 3／1000＝1,500円

手順3 源泉所得税の額を算出する

賞与から控除する社会保険料の金額を算出した後に、源泉所得税の金額を求めます。源泉所得税は、総支給額から社会保険料を控除した後の金額を基準として、税額を計算します。

500,000円－28,675円－45,750円－1,500円＝424,075円

Qさんの扶養親族は2人ですから、賞与にかかる源泉徴収税額を算定する資料である「賞与に対する源泉徴収税額の算出率の表（平成30年分）」の扶養親族等の数2人の列を確認し、前月の社会保険料控除後の給与の金額である324,895円があてはまるところを探します。「312千円以上369千円未満」がこれに該当しますので、社会保険料などの控除後の賞与の金額に乗ずる金額は6.126％ということになります。

424,075円×6.126％＝25,978円（端数切り捨て）

手順4 実際の支給額を計算する

控除項目がすべて算出できたので、整理してみましょう。控除項目は、健康保険料28,675円、厚生年金保険料45,750円、雇用保険料1,500円、源泉所得税25,978円、控除額合計は101,903円になります。

Qさんに実際に支給される賞与額（手取額）は、500,000円 − 101,903円 = 398,097円（下図明細参照）ということになります。なお、住民税は賞与からは控除しません。

● 月額表を使って源泉徴収税額を求めるケースもある

　通常、賞与から控除する源泉徴収税額を計算するときは、賞与に対する源泉徴収税額の算出率の表を使用します。しかし、次の２つのケースに限っては、給与所得の源泉徴収税額表（月額表）を使って徴収税額を計算します。

・前月の給与の額の10倍を超える賞与が支給されるとき
・前月の給与の支払いがない者に賞与を支払うとき

　事例のQさんの場合、冒頭の設例に示したように、Qさんは前月にも給与の支払いがあり、賞与の額もその10倍を超えていないので、これにはあてはまりません。

■ Qさんの賞与明細書

賞与明細書		平成○年夏季賞与		所属	○○	社員No	14	氏名	Q	殿
支給	基本給									
	500,000									
										総支給額
										500,000
控除	健康保険料	厚生年金料	雇用保険料		社保料合計	課税対象額	所得税			
	28,675	45,750	1,500		75,925	424,075	25,978			
										控除額合計
										101,903
					差引支給額	端数調整額	銀行振込			現金支給額
					398,097		398,097			

第6章

給与・賞与と
社会保険・税金事務

労働保険と年度更新に関する事務と書式

昨年分の保険料の確定額と今年の予定額はあわせて申告する

● 事業を単位として適用を受ける

労働保険は、労働者災害補償保険（労災保険）と雇用保険の総称です。労働保険では、1人でも労働者を使用する事業は、事業主の意思に関係なく、原則として適用事業になります。公的保険として強制的に加入しなければなりません。

労働保険は「事業」を単位として適用を受けます。事業とは、仕事として反復継続して行われるものすべてを指します。たとえば、本社の他、支社、支店、工場、営業所、出張所などがある会社では、本社だけでなく、支社から出張所に至るまでそれぞれが別々に事業として成立していることになります。そのため、それぞれの事業が個別に労働保険の適用を受けることになるので、必要な手続きについても事業ごとに個別に行います。これが原則です。ただし、支店や営業所において労働保険の手続きを行うことのできる適任者がいないなどの理由がある場合は、本社などの上位の事業所で一括して手続きを行うこともできます。その場合、所定の届出が必要です。

● 労災保険と雇用保険は普通一緒に取り扱う

労災保険制度と雇用保険制度についての保険料の申告・納付は、原則として2つの保険が一緒に取り扱われます。このように、雇用保険と労災保険の申告・納付が一緒に行われる事業のことを**一元適用事業**といい、大部分の事業が一元適用事業に該当します。そのため、一般的には会社などの事業所を設立して1人でも労働者を雇った場合には、労災保険と雇用保険の両方の保険に同時に加入することになります。

ただ、労災保険と雇用保険のしくみの違いなどから、①（国を除く）都道府県と市区町村の行う事業、②都道府県に準ずるものと市区町村に準ずるものが行う事業、③東京や横浜などの6大港における港湾運送関係の事業、④農林水産などの事業、⑤建設の事業については、個別の保険関係として取り扱われます。これを**二元適用事業**といいます。

● 年度更新と申告書の作成

　労働保険の保険料は、毎年7月10日までに1年分を概算で計算して申告・納付し、翌年度の7月10日までに確定申告の上、精算する方法をとっています。会社は、前年度の確定保険料と当年度の概算保険料を一緒に申告・納付することになります。この手続きが**年度更新**です。一般の会社は、労働保険料（労災保険分・雇用保険分）の徴収事務が一体として取り扱われており、労働基準監督署が窓口になります。

書式1　労働保険概算・確定保険料申告書（201ページ）
書式2　確定保険料算定基礎賃金集計表（202ページ）

　事業主が毎年6月1日から7月10日までの間に手続きを行います。前年度の確定保険料と当年度の概算保険料を「労働保険概算・確定保険料申告書」に記載し、併せて申告・納付します。

　労働保険料は、社員に支払う賃金の総額に保険料率（労災保険率＋雇用保険率）を乗じて算出された額です。しかし、社員のうち、雇用保険料の負担が免除となる高年齢継続被保険者や雇用保険の被保険者とならない者に対して支払った賃金がある場合には、労災保険に係る賃金総額と雇用保険に係る賃金総額とを区別して計算し、それぞれの保険料率を乗じて保険料を計算することになります。

　賃金の総額については、「確定保険料算定基礎賃金集計表」を作成の上、保険料申告書の確定保険料算定内訳欄の労災保険分と雇用保険分の算定基礎額欄にそれぞれ転記します。概算・増加概算保険料算定内訳の算定基礎額欄については、賃金総額の見込額を記入することに

なります。見込額が前年度の賃金総額（確定保険料の算定基礎額）の50％以上200％以下である場合は、前年度の賃金総額（確定保険料の算定基礎額）と同じ額を転記することになります。

保険料率は業種によって異なります。労災保険についてはかなり細かく分類されています。一方、雇用保険については、一般の事業、農林水産の事業、建設の事業に大別されています。ただ、実務上は「年度更新」の時期に、都道府県労働局から送付されてくる保険料申告書に保険料率が印字されていますので、それに従い計算します。

なお、年度当初に年度更新を行った場合、条件がそろえば、保険料を分割して納付することができます（延納）。概算保険料額が40万円（労災保険または雇用保険のどちらか一方の保険関係だけ成立している場合は20万円）以上の場合、または労働保険事務組合（事業主の委託を受けて、労働保険の事務を代行する中小事業主などの団体のこと）に労働保険事務の事務処理を委託している場合には、労働保険料を３回に分納できます。

■ 労働保険料の延納の納期限

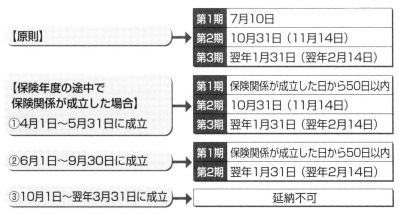

※労働保険事務組合に委託している場合はカッコ内の日付となる

書式1　労働保険概算・確定保険料申告書

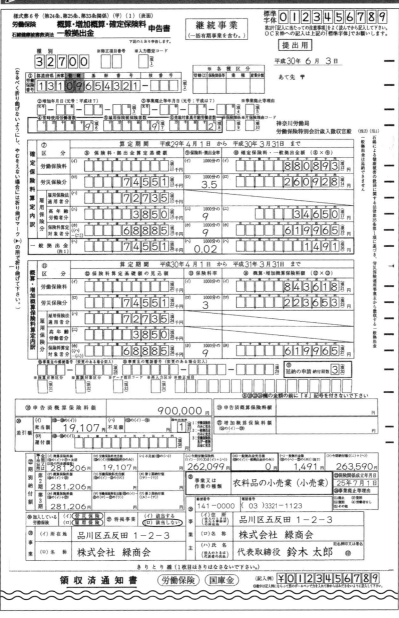

書式2　確定保険料算定基礎賃金集計表

平成29年度 確定保険料・一般拠出金算定基礎賃金集計
（算定期間 平成29年4月～平成30年3月）

労働保険番号					
府県	所掌	管轄	基幹番号	枝番号	
13	1	09	654321	000	

出向者の有無		
受	0	名
出	0	名

事業の名称　**株式会社 緑商会**　電話 03（3321）1123
事業の所在地　東京都品川区五反田1-2-3　郵便番号 141-0000
具体的な業務又は作業の内容　**衣料品の小売業**

※概算・確定保険料申告書・一般拠出金申告書（事業主控）と一緒に保管してください

区分	労災保険および雇用保険（対象者数及び賃金）				雇用保険（対象被保険者分を除く）		
月	1 常用労働者	2 役員で労働者扱いの人	3 臨時労働者	4 合計 (1+2+3)	5 被保険者	6 役員で雇用保険の資格のある人（実質的役員報酬分を除く）	7 合計 (5+6)	8 免除対象高年齢労働者
	人 円	人 円	人 円	人 円	人 円	人 円	人 円	人 円
平成29年 4月								
5月								
6月								
7月	9 6 010 000			9 6 010 000	9 6 010 000		9 6 010 000	2 385 005
8月	9 6 150 650		1 190 000	10 6 358 650	9 6 150 650		9 6 150 650	2 380 200
9月	10 6 120 250		1 208 000	11 6 330 250	10 6 120 250		10 6 120 250	2 416 000
10月	10 6 145 100		1 185 000	11 6 330 100	10 6 145 100		10 6 145 100	2 391 100
11月	9 6 210 355		1 198 000	10 6 408 355	9 6 210 355		9 6 210 355	2 398 895
12月	8 6 250 628		1 225 500	9 6 476 128	8 6 250 628		8 6 250 628	2 505 235
平成30年 1月	8 6 310 124		1 235 500	9 6 545 624	8 6 310 124		8 6 310 124	2 485 265
2月	9 6 210 254		1 196 000	10 6 406 254	9 6 210 254		9 6 210 254	2 453 680
3月	9 6 110 000		1 168 000	10 6 278 000	9 6 110 000		9 6 110 000	2 435 000
賞与26年 7月	638 000			638 000	638 000		638 000	
賞与26年12月	16 580 000			16 580 000	16 580 000		16 580 000	
合 計	81 72 735 361	0	9 1 816 000	90 74 551 361	81 72 735 361	0	81 72 735 361	18 3 850 380

	常時使用労働者数（労災保険対象者数）	申告書⑨欄に転記
	9 の合計人数 ÷12 =	9 人

	雇用保険被保険者数	申告書⑪欄に転記
	11 の合計人数 ÷12 =	18 人

	免除対象高年齢労働者数	申告書⑬欄に転記
	13 の合計人数 ÷12 =	2 人

労災保険対象者分	A (千円未満切り捨て)	74,551 千円	申告書⑧欄(イ)へ転記
雇用保険対象者分	12 の合計額の千円未満切り捨て	72,735 千円	申告書⑧欄(ホ)へ転記
	免除対象高年齢労働者分 14 の合計額の千円未満切り捨て	3,850 千円	申告書⑧欄(ニ)へ転記
一般拠出金	A－B（千円位まで計算）	68,885 千円	
	10 の合計額の千円未満切り捨て	74,551 千円	申告書⑧欄(ヘ)へ一致

備考

2 年度更新の計算をしてみる

労働保険料の精算手続きをする

● 労働保険料を計算する

　まず、労災保険と雇用保険の保険料について、計算式を確認しておきましょう。平成29年度の概算保険料と確定保険料は平成29年度の料率、平成30年度の概算保険料については、平成30年度の料率を使用しています。労災保険の保険料は次の算式で算出します。

全労働者の賃金総額の見込額×労災保険率

　また、雇用保険の保険料は、以下の算式で算出します。

（全労働者の賃金総額の見込額－64歳の４月１日を経過した人の賃金総額の見込額）×雇用保険率

　次ページに記載した、「株式会社ささき商事」についての労働保険料の設例を基に計算してみましょう。

● 平成29年度の概算保険料の計算

　まず、手順1 として、平成29年度に納付した保険料を確認しておきます。不動産業の労災保険率は、平成29年度は1000分の2.5でした。雇用保険料率については、不動産業の事業区分は「一般の事業」ですから、一般の事業の料率を使用します。平成29年度の保険料を計算するにあたっては、平成30年度の料率ではなく、平成29年度の料率を使用します。平成29年度の一般の事業の雇用保険料率は、1000分の9です。

① 労災保険の保険料

　29,820千円×（2.5／1000）＝74,550円

② 雇用保険の保険料

　29,820千円×（9／1000）＝268,380円

③ 平成29年分の概算保険料額

74,550円 + 268,380円 = 342,930円

したがって、株式会社ささき商事は平成29年度分の概算保険料として、平成29年中に342,930円を納めたはずです。

● 平成29年度の確定保険料の計算

次に **手順2** として、平成29年度の確定した保険料額を計算します。確定保険料納付時には、概算保険料納付時と異なり、石綿健康被害救済法に基づく一般拠出金の納付が必要です。一般拠出金とは、平成19年度から始まった石綿健康被害救済のために負担する費用のことで、労災保険が適用される全事業主が対象となります。確定保険料納付時に納付するもので、概算保険料納付時には納付しません。なお、一般拠出金率は平成26年度からは1000分の0.02になっています。

① 労災保険の保険料

33,820千円 × (2.5 / 1000) = 84,550円

② 雇用保険の保険料

雇用保険の保険料からは、対象外の臨時労働者分を除いて算定します。

(33,820千円 - 800千円) × (9 / 1,000) = 297,180円

■ 設例（株式会社ささき商事についての労働保険料）……………

> 株式会社ささき商事（不動産業、従業員数30人）の平成29年と平成30年の賃金総額は以下のとおり。
>
> ・平成29年度見込額：29,820千円
> ・平成29年度実績額：33,820千円
> 　（うち雇用保険の対象とならない臨時労働者分800千円）
> ・平成30年度見込額：33,820千円
> 　（うち雇用保険の対象とならない臨時労働者分800千円、平成29年度実績額による）

③ 平成29年分の確定保険料額
84,550円 + 297,180円 = 381,730円

④ 一般拠出金
33,820千円 × （0.02／1,000） = 676円

● 平成30年度の概算保険料の計算

続いて **手順3** として、翌年、つまり平成30年度の概算保険料を計算します。

平成30年度の概算保険料については、1年間に使用する労働者に支払う賃金総額の見込額を基に計算します。ただし、年度更新では、申告年度の賃金総額の見込額が前年度の賃金総額の100分の50以上100分の200以下、要するに半分以上2倍以下の場合には、前年度の賃金総額をそのまま申告年度の賃金総額の見込額として使用することになっています。

株式会社ささき商事の平成30年度の賃金総額見込額である「33,820千円」は、平成29年度の確定賃金総額である「33,820千円」の100分の50以上100分の200以下ですから、平成29年度の実績賃金総額を基礎として、平成30年度の概算保険料を計算することになります。平成30年度の料率（不動産業の労災保険率は1000分の2.5、一般の事業についての雇用保険料率は1000分の9）を使用します。

① 労災保険の保険料
33,820千円 × （2.5／1,000） = 84,550円

② 雇用保険の保険料
（33,820千円 − 800千円） × （9／1,000） = 297,180円

③ 平成30年分の概算保険料額
84,550円 + 297,180円 = 381,730円

● それぞれの回の納付額を計算する

　株式会社ささき商事の平成30年度の申告・納付の手続きを整理しましょう。

　まず、平成29年度の概算保険料として納付した額は342,930円ですから、確定した平成29年度の保険料額（確定保険料）381,730円に対して、38,800円不足しています。この不足額に一般拠出金676円を足した39,476円を、平成30年度の概算保険料の第1期納期限（7月10日）までに納付することになります。

　また、平成30年度の概算保険料については、一括納付が原則ですが、株式会社ささき商事は50人以下の不動産業者ですから、労働保険事務組合に労働保険の事務処理を委託することで、保険料の額に関係なく、労働保険料を3回に分割して納付することができます。381,730円は3では割り切れませんが、1円未満の端数は第1期に納付することになります。

　労働保険事務組合に事務処理を委託した場合、それぞれの回の労働保険料の納付額は、第1期166,720円（127,244円＋38,800円＋676円）、第2期127,243円（11月14日が納期限）、第3期127,243円（翌年2月14日が納期限）となります。また、労働保険事務組合に事務処理を委託した場合には、労働保険料の納付と併せて事務組合への事務手数料の支払いも別途必要になります。

3 社会保険と社会保険料の決定方法について知っておこう

昇給にあわせて標準報酬月額を改定する

● 健康保険と厚生年金保険の手続きは一緒に行われる

　社会保険の実務では、通常、労働者災害補償保険と雇用保険を労働保険と呼び、健康保険、厚生年金保険、介護保険などのことを社会保険と呼びます。

　健康保険と厚生年金保険は、給付の目的や内容が異なりますが、適用事業所など多くの部分で共通点があることから、健康保険と厚生年金保険は一般的に同時にセットで加入します。

　社会保険の適用事業所は、強制適用事業所と、任意適用事業所の２つに分類することができます。強制的に社会保険が適用される事業所を**強制適用事業所**といいます。会社などの法人の場合は、事業の種類に関係なく社長１人だけの会社でも、社会保険に加入しなければなりません。健康保険の適用事業所と厚生年金保険の適用事業所は原則として同じですが、被保険者の年齢の上限について、75歳になるまで加入できる健康保険と異なり、厚生年金保険の被保険者は70歳未満の者

■ 適用事業

適用事業
├─ ①**強制適用事業所**
│　　⇒ 法人の場合、１人でも従業員がいれば
│　　　社会保険に加入する
│
└─ ②**任意適用事業所**
　　　⇒ 被保険者となることができる従業員の
　　　　２分の１以上の同意を得て、年金事務所に
　　　　加入申請を行う

第6章　給与・賞与と社会保険・税金事務

とされています。つまり、70歳以上の者が適用事業所に勤務していた場合、その人は、健康保険については被保険者になりますが、厚生年金保険については被保険者としては扱われません。

ただし、70歳になっても年金の受給資格期間（10年）を満たさず、年金を受給できない場合には、70歳以降も引き続き厚生年金に加入できる「高齢任意加入」という制度を利用することができます。

● 社会保険の被保険者

適用事業所に常勤で使用される労働者は、原則としてすべて被保険者となります。役職や地位は関係ありません。

代表者や役員も法人に使用されるものとして被保険者になります。また、会社についてはどのような会社であっても社会保険の強制適用事業所となるため、社長1人だけの会社であっても健康保険に加入しなければなりません。一方、個人事業者（任意適用事業所）の場合、従業員のみが被保険者となり、事業主は被保険者にはなれず、同居の親族も原則として被保険者にはなれないため注意が必要です。

● パートやアルバイトに対する社会保険の適用

パートタイマーやアルバイトなどの労働者は、1週間の所定労働時間及び1か月の所定労働日数が同じ事業所で同様の業務をする正規の社員の4分の3以上であるパートタイマーやアルバイトは被保険者となります。また、この要件の4分の3未満であっても、次の5要件をすべて満たす場合は、被保険者になります。

① 週の所定労働時間が20時間以上あること
② 雇用期間が1年以上見込まれること
③ 賃金の月額が8.8万円以上であること
④ 学生でないこと
⑤ 常時501人以上の企業（特定適用事業所）に勤めていること

● 標準報酬月額の見直しを図る手続きがある

　会社などの多くの事業所では、4月から従業員の給与を昇給させるのが一般的になっています。昇給があった場合、今まで徴収していた社会保険料（健康（介護）保険・厚生年金保険の保険料）の額（標準報酬月額）が改定された給与の額に見合わないものになってしまいます。そこで、昇給により給与額が改定されることに併せて、標準報酬月額も見直しを図ることになっています（定時決定）。

　社会保険は、被保険者の標準報酬月額に保険料率を乗じて算出します。標準報酬月額とは、給与額をいくつかの報酬枠に区分したものです。標準報酬月額の決め方には、以下の3つの方法があります。

① **資格取得時決定**

　事業所で新規採用した労働者や新たに社会保険の被保険者となることになった労働者について、給与から控除する社会保険料を決定するための方法です。給与の支給実績がないので、労働契約などで決められた給与額に残業代の見込額などを加えた額によって決定します。

② **定時決定**

　事業所に7月1日時点で在籍している被保険者を対象に4月～6月の3か月間に支払われた給与額により決定する方法です。

　定時決定は法律上、7月1日～10日までに届け出ることとされています。届け出る書類は、「健康保険・厚生年金保険被保険者標準報酬月額算定基礎届」（一般的には「算定基礎届」と略して呼ばれます）です。算定基礎届には、「健康保険・厚生年金保険被保険者報酬月額算定基礎届総括表」（「総括表」と呼ばれます）を添付します。また、健康保険・厚生年金保険被保険者標準報酬月額算定基礎届総括表附表（「附表」と呼ばれます）も併せて提出します。

　「算定基礎届総括表」には、事業の種類・具体的な報酬の支払状況・昇給月などを記載します。

　6月1日から7月1日までに被保険者資格を取得した労働者につい

ては、給与に大幅な変更がない限り、採用時に決定した標準報酬月額を翌年の定時決定まで使用するため、定時決定の対象から外します。また、後述する③の随時改定によって、7月～9月の間に標準報酬月額の変更が予定されている労働者についても定時決定の対象とはなりません。なお、病気などで長期間休職している場合のように、4月～6月の3か月間に給与支払基礎日数（給与計算の対象となる日数のこと）がなかった労働者については、従前（前年）の標準報酬月額を基に保険者（協会けんぽ、日本年金機構など）が算定する額を適用しますが、通常の場合、従前（前年）と同額になります。

算定基礎届・総括表・附表に関するケースごとの記載例と書式の作成ポイントについては後述します（235ページ以下）。

③　随時改定

年の途中で給与額が大幅に変動した場合に行う改定方法です。固定的賃金の変更などが行われた月以降の3か月間の平均給与額による標準報酬月額が、それまでの標準報酬月額と比べて2等級以上の差が生じた場合に随時改定を行います（随時改定の際、届出を行う健康保険厚生年金保険被保険者報酬月額変更届の記載例については、255ページ参照）。

■ 保険料の決定方法

保険料の決定
① 資格取得時決定
② 定時決定
③ 随時改定

4 給与所得にかかる税金について知っておこう

一定の控除が認められている

● 給与所得とは

　給与所得とは、給料、賃金、歳費、賞与およびこれらの性質を有する給与のことです。ただし、支給額そのものではなく、その年の給与等の収入金額から「給与所得控除額」を控除した金額がこれにあたります。なお、特定支出の額が給与所得控除額を超える場合には、確定申告により、その超える部分の金額を控除することができます。

　給与所得は、事業所得などのように必要経費を差し引くことはできません。しかし、必要経費に見合うものとして一定の「給与所得控除額」を給与等の収入金額から差し引くことができます。この給与所得控除額は、会社員の必要経費としての意味合いをもっているもので、給与等の収入金額に応じて控除額が決まっています。自営業者が実際に使った金額により必要経費を算定する一方で、会社員の必要経費は概算で計算した給与所得控除額になります。給与等の収入金額が65万円までは給与等の全額が給与所得控除額になり、課税されません。給与等の収入金額が65万円を超える場合、その収入金額に応じて給与所得控除額も段階的に増えていくしくみになっています。

● 超過累進税率による総合課税

　給与所得の金額は、他の所得と総合して総所得金額を構成し、超過累進税率により総合課税（合算の対象となる所得を総合した上で税額を計算・納税する課税方式）されます。また、会社員は、勤務先において年末調整で毎月天引きされた所得税が精算されますので、原則として所得税の確定申告は必要ありません。

● 会社員の確定申告と所得控除

　会社員の場合、給与所得控除以外にも一定の必要経費について、収入から控除することが認められています。

　給与所得者自身が支出した経費のうち、会社などによって証明された一定のものを特定支出といいます。この特定支出をした場合において、それぞれの特定支出額の合計額が給与所得控除額の2分の1の金額（「特定支出控除額の適用判定の基準となる金額」。以下「適用判定の基準」といいます）を超えるときは、確定申告により、その超える部分の金額をさらに給与等の収入金額から控除できるという制度です。

　特定支出とは、①通勤費、②転居費、③研修費、④帰宅旅費、⑤資格取得費、⑥勤務必要経費などをいいます。これらは仕事を継続していく上で必要とされる経費です。なお、⑥の勤務必要経費の上限は65万円とされています。具体的には、仕事のために購入した図書費、作業着などの衣服費、贈答品や飲食代などの交際費などが該当します。

　24年度の改正で判定基準が引き下げられ、利用しやすくはなりましたが、一般的には知名度の低い制度かもしれません。

■ 給与所得控除額（平成29年分）

給与等の収入金額	給与所得控除額
0円　～　65万円	全額
65万円超　～　180万円以下	給与等の収入金額×40%
180万円超　～　360万円以下	給与等の収入金額×30%＋18万円
360万円超　～　660万円以下	給与等の収入金額×20%＋54万円
660万円超　～　1000万円以下	給与等の収入金額×10%＋120万円
1000万円超	220万円（上限）

5 所得税・住民税の源泉徴収事務と書式

給与や賞与の支払いごとに所得税を差し引くことになる

● 所得税の源泉徴収とは何か

　労働者が会社などで働いて得たお金（給与所得）には税金が課されます。この税金が**所得税**です。

　給与所得については会社などの事業所が労働者に給与や賞与を支払うごとに所得税を徴収し、国に納付します（源泉徴収制度）。このあらかじめ天引きされた所得税のことを源泉所得税といいます。また、源泉徴収をする者を源泉徴収義務者といいます。

　所得税は1年間（暦年、1月1日～12月31日）に得た所得に対して課される税金ですから、給与や賞与の支払いのつど源泉徴収した所得税は、あくまでも概算にすぎません。そこで、概算で徴収した所得税について、1年が終わってその年の給与所得が確定した時点で精算する必要があります。この精算手続きが**年末調整**です（223ページ）。

● 源泉徴収した所得税の納付

　所得税の源泉徴収税額（源泉所得税とも呼ばれます）は、原則として給与を支給した日（源泉徴収をした日）の翌月10日までに納めます。

　この納付期限は特例があり、この場合は1月分から6月分を7月10日まで、7月分から12月分を翌年の1月20日までに納付することになります。納付は税務署などで行います。

　源泉徴収税額は以下の式によって算出します。

　　給与総額－非課税額－社会保険料等＝課税対象額

　「非課税額」とは、たとえば通勤手当などのように所得税が課税されない支給額のことです。

社会保険料等を算出するためにはあらかじめ「扶養控除等（異動）申告書」を社員に提出してもらい、扶養親族控除や配偶者控除、障害者控除等の有無などを確認しなければなりません。課税対象額が算出された後に「給与所得の源泉徴収税額表」に照らし合わせて源泉徴収税額を出します。

● 徴収した住民税の納付

住民税も所得税と同様で、企業に勤めている会社員の場合は会社が給与を支払う時点で源泉徴収することが定められています。会社員などの給与所得者の場合、一般的に特別徴収によって住民税が徴収されることになります。住民税は、原則として給与を支給した日（源泉徴収をした日）の翌月10日までに納付します。特例のある場合は、6月分から11月分を12月10日までに、また12月分から翌年の5月分を翌年6月10日までに納めることになります。会社が提出した「給与支払報告書」もしくは税務署の「確定申告書」に基づいて、各市区町村が住民税額を算出し、それを記載した「特別徴収税額の通知書」を会社に送付することになっています。特別徴収税額の通知書に記載の月割額が毎月の給与から源泉徴収される額になります。

● 源泉徴収事務で使用する書式

源泉所得税の納付の際、作成するのが「給与所得・退職所得等の所得税徴収高計算書」です。また、源泉徴収税額の計算と記録のために、「源泉徴収簿」を作成します。

書式3　給与所得・退職所得等の所得税徴収高計算書（216ページ）

この計算書により、その月の給与等の支払年月日、人員（人数）、支給額、税額などを税務署に報告します。

源泉徴収された所得税の金額は、あくまで概算であり、1年が終わってその年の給与所得が確定した時点で精算する必要があります。

この手続きが年末調整です。年末調整による不足税額や超過税額がある場合には、算出税額から「年末調整による不足税額」または「年末調整による超過税額」を加減算して納付税額を計算します。

作成した計算書は、納付書の役割を兼ねており、納付金額と併せて金融機関の窓口などへ提出します。納めるべき税額がない場合も所轄の税務署へ提出します。用紙は3枚一組の複写になっており、提出先から3枚目の「領収済通知書」に領収日の受領印が押印されたものを受け取りますので、給与関係の書類と一緒に保管しておきましょう。

なお、常時使用する労働者が10人未満という要件を満たす小規模事業所については、源泉所得税の納付を年2回にまとめて行うこと（納期の特例）ができます。この特例を受けている事業者は1月1日から6月30日までの間に労働者から預かった源泉所得税を7月10日までに納付しなければなりません。7月1日から12月31日までの間に預かる源泉所得税は翌年1月20日までに納付することになります（一般分と納期特例分では、使用する様式が異なります）。

書式4　給与所得・退職所得に対する源泉徴収簿（217ページ）

給与計算を行う都度、この源泉徴収簿に支給日、支給額、社会保険

■ 所得税・住民税の納付

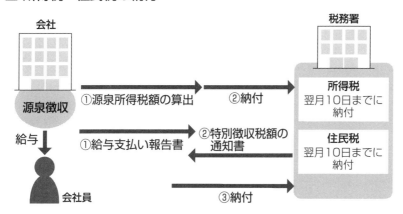

料等の額、源泉所得税の額を記入します。ただし必要事項が記載されているのであれば、オリジナルの給与台帳を利用してもかまいません。年度の途中で採用した社員の分についても、忘れずに作成しておくようにしましょう。

　源泉徴収簿は、税務調査などで提出を求められた場合に備えて保管しておくもので、通常はどこかへ提出する必要はありません。

　ちなみに、源泉徴収する税額についてですが、社員から「給与所得者の扶養控除等申告書」が提出されている場合は甲欄、提出されていない場合は乙欄となり、両者では税額が異なります。ただし、乙欄が適用されるのは2か所以上の勤め先をもつ人の場合であるため、通常のフルタイムでの雇用であれば甲欄の適用となります。

書式3　給与所得・退職所得等の所得税徴収高計算書（一般分）

書式4 給与所得・退職所得に対する源泉徴収簿

6 賞与の支払いに関する事務と書式

賞与の支給額に保険料率を掛けて保険料を算出する

● 賞与の支給額で保険料が変動する

　賞与からも社会保険料が徴収されるため、従業員に賞与を支払った場合には、事業主はその旨を届け出る必要があります。健康保険料、厚生年金保険料は、標準賞与額に保険料率を乗じて算出した額になります。標準賞与額とは、実際に支給された賞与額から千円未満の部分の金額を切り捨てた額です。標準賞与額は賞与が支給されるごとに決定されます。保険料は、事業主と被保険者が折半で負担します。

　賞与の保険料は、賞与の支給額により保険料が変動します。

書式5　健康保険厚生年金保険被保険者賞与支払届（次ページ）
書式6　被保険者賞与支払届総括表（220ページ）

　賞与支払日から5日以内に事業者が、「健康保険厚生年金保険被保険者賞与支払届」を管轄の年金事務所（健康保険組合）に届け出ます。添付書類は、「健康保険厚生年金保険被保険者賞与支払届総括表」（賞与を支払うごとに、賞与を支払った従業員数や賞与額を合計した金額を保険者が把握するための書類）です。

　標準賞与額には上限が決められており、健康保険については年額累計573万円（毎年4月1日〜翌年3月31日の累計）、厚生年金保険については1か月あたり150万円が上限になっています。健康保険の累計の関係上、上限573万円を超えていても実際に支払った額を届け出ることになります。資格取得月に支給された賞与については保険料がかかりますが、資格喪失月に支給された賞与については保険料がかかりません。資格取得と資格喪失が同じ月の場合は、資格取得日から資格喪失日の前日までに支払われた賞与について保険料がかかります。

書式5 健康保険厚生年金保険被保険者賞与支払届

No	被保険者氏名	生年月日	賞与支払額	賞与額(千円未満は切捨て)
1	本上 貴志	5-390101	100,000	100
2	石川 桜子	5-501225	250,000	250
3	木村 裕人	5-590808	180,000	180
4	菅谷 恭介	5-440404	500,000	500

事業所整理記号:65－ABC
提出日:平成30年12月16日
〒141-0000 東京都品川区五反田1-2-3
株式会社 緑商会
代表取締役 鈴木 太郎
電話番号 03(3321)1123
賞与支払年月日(共通):平成30年12月15日

書式6 健康保険厚生年金保険被保険者賞与支払届総括表

様式コード
2 2 6 6

健康保険
厚生年金保険
被保険者賞与支払届
―総括表―

平成 30 年 12 月 16 日 提出

事業所整理記号： 65 ABC

〒141-0000
事業所所在地：東京都品川区五反田1-2-3
事業所名称：株式会社　緑商会
事業主氏名：代表取締役　鈴木　太郎
電話番号：03（3321）1123

受付印

社会保険労務士記載欄
氏名等

・この届書は、賞与の支給がなかった場合にも提出してください。
（賞与支給予定月に総括表の提出がない場合、後日お知らせが送付されます。）

	賞与支払予定年月	7.平成 年 月
①	賞与支払年月	7.平成 30 12
②	支給の有無	⓪支給　1.不支給　※「1.不支給」の場合、以下③〜⑥欄への記入は必要ありません。

③ 被保険者人数	9 人	④ 賞与支給人数	4 人
⑤ 賞与支給総額			1,030,000 円
⑥ 賞与の名称	冬期賞与		

・従前の賞与支払予定月を変更する場合は以下⑦も記入してください。

⑦	賞与支払予定月の変更	月 月 月	賞与支払予定月変更前	月 月 月

7 賞与の源泉徴収税額はどのように計算するのか

月々の給与とは計算方法が異なる

◉ 賞与に対しての源泉徴収税の算出方法

　賞与についても源泉徴収が行われますが、月々の給与とは源泉徴収の計算方法が少し違ってくるため、注意が必要です。ただし、賞与の源泉徴収税額の納付期限は給与と同じです。つまり、賞与を支払った月の、翌月の10日までに納付しなければなりません。

　賞与の源泉徴収税額は、課税対象額（賞与の額－社会保険料）に算出率を掛けて算出します。この算出率を求めるには、まず該当する社員の前月分給与から社会保険料を引きます。

　次にこの額と扶養控除等（異動）申告書に基づいた扶養親族等の数を「賞与に対する源泉徴収税額の算出率の表」に照らし合わせて算出率を出すという方法をとります。

　算出率も給与の場合と同じように「甲欄」または「乙欄」により「給与所得者の扶養控除等申告書」の扶養親族等の数と前月の社会保険料控除後の給与の額が該当する行と一致する「賞与の金額に乗ずべき率」を見つけ、この率を賞与の金額に掛けて賞与に対する源泉所得税額を求めます。

◉ 月額表を使うケース

　通常、賞与から控除する源泉徴収税額を計算するときは、賞与に対する源泉徴収税額の算出率の表を使用します。しかし、次の2つのケースに限っては、給与所得の源泉徴収税額表（月額表）を使って徴収税額を計算します。

① 前月の給与の額の10倍を超える賞与が支給されるとき

② 前月の給与の支払いがない者に賞与を支払うとき

前月の給与の額の10倍を超える賞与が支給されるときは、下図の(1)の手順で求めた金額が源泉徴収税額になります。前月の給与の支払いがない者に賞与を支払うときは、下図の(2)の手順で求めた金額が源泉徴収税額となります。

■ 賞与の源泉徴収額の計算方法

(1)前月の給与の額の10倍を超える賞与を支払う場合

| ① 社会保険料控除後の賞与の額×1／6（賞与算定の基礎となった期間が6か月を超えるときは1／12） |

| ② ①＋(前月の社会保険料控除後の給与の額) |

| ③ ②の金額を月額表にあてはめて税額を求める |

| ④ ③－(前月の給与に対する源泉徴収税額) |

| ⑤ ④×6（賞与算定の基礎となった期間が6か月を超えるときは12） |

(2)前月に給与を支払っていない者に賞与を支払う場合

| ① 社会保険料控除後の賞与の額×1／6（賞与算定の基礎となった期間が6か月を超えるときは1／12） |

| ② ①の金額を月額表にあてはめて税額を求める |

| ③ ②×6（賞与算定の基礎となった期間が6か月を超えるときは12） |

8 年末調整と源泉徴収票の作成等に関する事務と書式

1年間に納めるべき所得税額を計算する

● 1年間に支払った給与と賞与にかかる税額を精算する

　10月～12月の時期に事務担当者が行うべきことで、もっとも大変な仕事は**年末調整**です。年末調整は、役員や労働者に対する毎月の給与や賞与から源泉徴収をした所得税の合計額と、その人が1年間に納めるべき所得税額との差額を調整するための手続きです。

　会社などの事業所では、役員や労働者に対して報酬や給与（賞与を含む）を支払う際に所得税の源泉徴収を行っています。しかし、その年1年間に給与などから源泉徴収した所得税の合計額は、労働者などが1年間に納めるべき税額と必ずしも一致するわけではありません。そこで、1年間に源泉徴収した所得税の合計額と、本来役員や労働者が1年間に納めるべき所得税額とを一致させる必要があります。この一致させるための手続きが年末調整ということになります。

　年末調整は文字通り年末に行います。正確にいうと、1年の最後の給与が支給されるときに行います。給与が支給された後に賞与が支給されることになっている場合は、賞与の支給後に年末調整を行うこともできます。

● 年末調整の手順を確認する

　年末調整は、労働者に1年間に支払う給与（賞与を含む）の額を合計して、次のような手順で計算を行います。

書式7　給与所得に対する源泉徴収簿（229ページ）
　社員1人ひとりの税額は、源泉徴収簿を用いて計算します。
・給与所得控除後の給与の額を求める

まず、12か月分の給与と賞与の支給額、社会保険料等の控除額、算出税額などをそれぞれ集計します。集計した給与や賞与の合計から、「給与所得控除後の給与等の金額」を計算します。

・所得控除を差し引く

次に、社員から提出を受けた「給与所得者の扶養控除等申告書」や「給与所得者の保険料控除申告書兼給与所得者の配偶者特別控除申告書」に基づいて所得控除の額を計算します。

・税額を求め、税額控除をする

最後に、「給与所得控除後の給与等の金額」から所得控除額の合計を差し引いた「差引課税給与所得金額」（千円未満切捨て）を計算し、所得税額を求めます。住宅ローン控除の適用がある場合にはここからさらに控除されます。これに復興特別所得税が加えると、その年の年末調整後の年税額となります。

・還付または徴収をする

この金額が、集計した徴収税額より少ない場合は「超過」、多い場合は「不足」です。年末調整の計算内容を記載して、その年分の源泉徴収簿は完成です。完成した源泉徴収簿は、閲覧可能な状態で保管しておきましょう。

● 年末調整の対象となる人

給与所得者であっても、年末調整の対象とならない人もいます。

年末調整の対象となる人は、年末調整を行う日までに「給与所得者の扶養控除等（異動）申告書」を提出している一定の人です。年末調整の対象となる人は、12月に年末調整を行う場合と、年の途中で行う場合とで異なります。

まず、12月に行う年末調整の対象となる人は、会社などの事業所に12月の末日まで勤務している人です。

1年間勤務している人だけでなく、年の途中で就職した人や青色事

業専従者（個人事業者の配偶者などで事業を手伝い、給与をもらっている者）も年末調整の対象になります。ただ、①１年間に受け取る給与の総額が2000万円を超える人、②災害減免法の規定により、その年の給与に対する所得税の源泉徴収について徴収猶予や還付を受けた人など、一定の場合には、年末調整の対象にはなりません。

次に、年の途中で行う年末調整の対象となる人は、ⓐ年の途中で死亡したとき、ⓑ著しい身体障害により年の途中で退職し、その年中に新たな職に就いて給与を得ることができないとき、ⓒ12月中に支払期の到来する給与が支給された後に退職したとき、ⓓ年の途中で海外勤務になったなどの理由で、非居住者（国内に住所や居所をもたないこととなった者）となったとき、の場合です。

上記ⓐ～ⓒの場合には退職時、ⓓの場合には非居住者となったときに年末調整を行います。

● 年末調整の対象となる給与について

年末調整の対象となる給与は、その年の１月１日から12月31日まで（年の途中で退職した人などについては、退職時まで）の間に支払うことが確定した給与です。実際に支払ったかどうかに関係なく未払いの給与も年末調整の対象となります。逆に、前年に未払いになっていた給与を今年になって支払った場合、原則としてその分は含まれません。

また、通勤費、旅費、食事代などの特殊な給与で非課税扱いとならない部分についても年末調整の対象になります。

なお、年末調整の対象となる給与は年末調整をする会社などの事業所が支払う給与だけではありません。たとえば、年の途中で就職した人が就職前に他の会社などで給与を受け取っていたケースがあります。このような場合は、前の会社などで「給与所得者の扶養控除等申告書」を提出していれば、前の会社などの給与を含めて年末調整をすることになります。前の会社などが支払った給与の支給金額や源泉徴収税額

や社会保険料の額は、前の会社などが発行した源泉徴収票によって確認します。もし、源泉徴収票の提出がない場合は、年末調整ができませんので、すぐに労働者にその旨を伝えて提出してもらいましょう。

◉ 年末調整終了後に税務署に提出する書類がある

年末調整の計算終了後、源泉徴収簿に基づいて「源泉徴収票」を作成します。

書式8　給与支払報告書と源泉徴収票（230〜231ページ）

源泉徴収票は4枚綴りになっており、上2枚は市町村へ提出するための用紙で、給与支払報告書といいます。残り2枚のうち1枚は本人へ交付します。もう1枚は税務署提出用ですが、提出しなくてもよい場合もあります。本人へ交付した源泉徴収票は、その社員の所得や税額を証明するものとなります。その年の途中で退職した社員に対しては、退職後1か月以内に、在籍していた期間分の源泉徴収票を交付します。

「給与支払報告書」は、給与所得にかかる市民税を計算するために提出する書類です。社員の住所のあるすべての市町村等の役所に対して、報告人数などを記載した「総括表」と一緒に、1月31日までに提出します。一方、その年分の給与の支給額が150万円超の役員、500万円超の社員の源泉徴収票は、会社の所轄税務署へ1月31日までに提出しなければなりません。また、年末調整をしなかった場合、役員であれば支給額が50万円超、社員であれば250万円超の場合に源泉徴収票を提出します。なお、給与所得者の扶養控除等申告書の提出がない場合、支給額50万円超の人について、源泉徴収票を提出します。

◉ 支払調書はどんな場合に提出するのか

個人に対して、一定の報酬、料金、契約金や賞金などを支払う者は、その報酬などについて、その支払いを受ける者ごとに支払金額や源泉

徴収税額などを記載した支払調書を作成し、支払いの確定した日の翌年1月31日までに税務署に提出しなければなりません。ただし、一定の金額以下の場合は提出する必要がありません。

たとえば、弁護士、司法書士、税理士、弁理士、社会保険労務士、土地家屋調査士、公認会計士などの報酬については、年間の支払合計額がそれぞれ5万円以下だった場合は提出不要となります。外交員、ホステス、コンパニオンなどは50万円以下であれば提出不要です。

これらの他、源泉徴収の対象となるものではありませんが、法人が支払う不動産使用料や、法人が購入した不動産対価、仲介手数料などの支払調書も提出することになっています。

● パートやアルバイト従業員の源泉徴収

パートやアルバイトの場合、年収103万円以下であれば本人の所得

■ 年末調整の事務手順

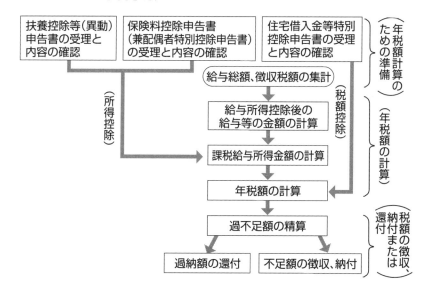

税は一切課税されません。

　よく会社員の妻がパートに出る場合、年収を気にして年収103万円以下になるように時間数などを調整しますが、その理由は、年収103万円以下であれば本人の所得税は一切課税されないこと、そして夫の控除対象配偶者にもなり得ることがあるからです。これは、給与収入から控除される「給与所得控除額」が最低65万円、すべての人に認められている基礎控除額が38万円であるため、年収103万円以下であれば課税される給与所得金額が「ゼロ」になるというしくみです。

　なお、妻の年収が103万円を超えても配偶者特別控除が受けられることがあります。夫の年収が1120万円までであれば、年収103万円を超えても段階的に控除額を減らしていき、年収201万円以上で控除ゼロとなるものです。ただし、夫の年収が1120万円を超えている場合、妻は、控除対象配偶者とならず、配偶者特別控除だけでなく配偶者控除の対象にもならないので注意が必要です。

■ 税金や社会保険に関する収入要件

	対象	制限の内容
100万円を超えると	住民税	保育園、公営住宅の優先入所、医療費助成などの自治体のサービスの一部が制限される
103万円を超えると	所得税	夫(妻)の年収が1120万円までの場合、配偶者が所得税の配偶者控除を受けられなくなる ※「150万円以下」の場合は同額の配偶者特別控除が受けられる(夫(妻)の年収が1120万円までの場合)
130万円を超えると	社会保険	健康保険などの夫(妻)の被扶養者にはなれない ※常時501人以上の企業では「年収106万円以上」となる

書式7　給与所得に対する源泉徴収簿（年末調整）

書式8 給与支払報告書と源泉徴収票

平成30年度(29年分) 給与支払報告書(総括表)

追加・訂正・削除　　　　　　　　　　　　平成30年1月31日までに提出してください。

平成 30 年 1 月 23 日提出

| 指定番号 | 12345 | 区分 | ※ |

法人番号(又は個人番号)	0 1 2 3 0 1 2 3 0 1 2 3 0	提出区分	年間分 / 退職者分
郵便番号	141 - 0000	給与支払方法／期日	20日締25日払
給与支払者所在地	東京都品川区五反田1-2-3	事業種目	衣料品小売業
		受給者総人員	9
税額通知書送付先	東京都品川区五反田1-2-3	特別徴収(給与天引)	9
フリガナ 名称 (氏名)	カブシキガイシャミドリショウカイ 株式会社　緑商会	普通徴収(個人納付)	
		合計	9
代表者の職氏名印	代表取締役　鈴木　太郎	納入書の送付	①. 必要 2. 不要
連絡者の係・氏名電話番号	代表取締役　鈴木　太郎		
会計事務所等の名称	電話番号 03 - 3321 - 1123	特普区分	※

「※」欄は記入しないでください。

~『普通徴収』に該当する受給者がいる場合の注意事項~
① 下記「普通徴収該当理由」の「人数」欄を記入してください。
② 「個人別明細書」の「摘要」欄に「普通徴収切替理由書」の『符号(普A~F)』を記入してください。
③ 別紙「普通徴収仕切紙」の下に「個人別明細書(普通徴収分)」を綴ってください。

普通徴収切替理由書

符号	普通徴収該当理由	人数
普A	総従業員数(受給者総人員)が2人以下	名
普B	他の事業所で特別徴収(乙欄該当者)	名
普C	給与が少なく税額が引けない	名
普D	給与の支払が不定期	名
普E	事業専従者(個人事業主のみ対象)	名
普F	退職又は退職予定者(5月末日まで)及び休職者	名
	普通徴収分　合計	名

品川区提出用 総括表兼普通徴収切替理由書

平成30年分 給与所得の源泉徴収票

支払を受ける者	住所又は居所	東京都品川区荏原本町2-3-9		(受給者番号) 03
			(個人番号)	
		(役職名)		
	氏名	(フリガナ) アオヤマ ハルオ 青山 晴夫		

種別	支払金額	給与所得控除後の金額	所得控除の額の合計額	源泉徴収税額
給与・賞与	3,670,000円	2,394,400円	1,290,620円	56,300円

(源泉)控除対象配偶者の有無等		配偶者(特別)控除の額	控除対象扶養親族の数 (配偶者を除く。)				16歳未満扶養親族の数	障害者の数 (本人を除く。)		非居住者である親族の数
有	従有		特定		老人	その他		特別	その他	
〇		380,000円								

社会保険料等の金額	生命保険料の控除額	地震保険料の控除額	住宅借入金等特別控除の額
487,120円	40,000円	12,500円	

(摘要)

生命保険料の金額の内訳	新生命保険料の金額		旧生命保険料の金額		介護医療保険料の金額		新個人年金保険料の金額		旧個人年金保険料の金額	
住宅借入金等特別控除の額の内訳	住宅借入金等特別控除適用数		居住開始年月日(1回目)	年 月 日	住宅借入金等特別控除区分(1回目)		住宅借入金等年末残高(1回目)			
			居住開始年月日(2回目)		住宅借入金等特別控除区分(2回目)		住宅借入金等年末残高(2回目)			

源泉・特別控除対象配偶者	(フリガナ) アオヤマ ハルコ 氏名 青山 晴子	区分 〇	配偶者の合計所得	国民年金保険料等の金額	旧長期損害保険料の金額 15,000

控除対象扶養親族	1	(フリガナ) 氏名 個人番号	区分	16歳未満の扶養親族	1	(フリガナ) 氏名	区分	(備考)
	2	(フリガナ) 氏名 個人番号	区分		2	(フリガナ) 氏名	区分	
	3	(フリガナ) 氏名 個人番号	区分		3	(フリガナ) 氏名	区分	
	4	(フリガナ) 氏名 個人番号	区分		4	(フリガナ) 氏名	区分	

未成年者	外国人	死亡退職	災害者	乙欄	本人が障害者 特別 その他	寡婦 特別 一般	寡夫	勤労学生	中途就・退職 就職 退職 年 月 日	受給者生年月日 明 大 昭 平 年 月 日
									〇	52 9 16

支払者	個人番号又は法人番号	0 1 2 3 0 1 2 3 0 1 2 3 0 (右詰で記載してください。)
	住所(居所)又は所在地	東京都品川区五反田1-2-3
	氏名又は名称	株式会社 緑商会 (電話) 03-3321-1123

整理欄

Column

厚生年金の適用拡大の問題点

　厚生労働省は、2018年9月の社会保障審議会年金部会において、短時間労働者に関する厚生年金の対象者拡大などを検討課題として取り上げています。「公的年金制度の財政基盤及び最低保障機能の強化等のための国民年金法等の一部を改正する法律」（年金機能強化法）の検討規定に基づき、2019年9月までに必要な措置を実施していくことをめざしています。現在、厚生年金の加入対象に含まれる短時間労働者は、週20時間以上働く人で月収8.8万円以上（年収では約106万円に相当します）あることなどが、主要な加入要件になっています。2016年10月から適用拡大時点では、常時500人以下の事業所に勤務している短時間労働者は、原則として加入対象から除かれていましたが、2017年4月以降は、この場合においても、厚生年金に加入することについて労使の合意があれば、厚生年金への加入が認められています。

　社会保障審議会年金部会では、今後、収入要件や事業所の規模に関する要件を引き下げることにより、社会保険の加入対象となる短時間労働者をさらに拡大することを検討しています。

　厚生年金の適用対象が拡大されることにより、現在よりも多くの短時間労働者が、将来、国民年金の他、厚生年金も受給できるようになります。しかし、適用対象の拡大によりさらに多くの短時間労働者が厚生年金など社会保険に加入対象となると、厚生年金の適用対象に含まれる年収約106万円以内（「106万円の壁」ともいわれます）に収まるよう、調整しながら働いている短時間労働者は、現在よりも低い基準での年収の調整が必要になります。また、社会保険料の負担については、労働者と事業者との折半であり、厚生年金の適用対象が拡大されると、短時間労働者は、現在の収入額から保険料が天引きされ、事業者についても、負担する保険料の金額も多くなるおそれがあるということにも注意が必要です。

第7章

ケース別 算定基礎届・月額変更届の書き方

ケース別算定基礎届の作成方法と書式

手当や遡り昇給がある場合には注意が必要

◉ 算定基礎届・総括表・附表の役割

　定時決定時には算定基礎届、総括表を事業所管轄の年金事務所に提出します。**算定基礎届**は個々の労働者の標準報酬月額を決定し、毎月の保険料額を決定する際に使用します。**総括表**は、各事業所の報酬の支払状況や被保険者などを把握するために提出するものです。

　また、パートタイマーやアルバイトなどの短時間労働者の他、請負契約を締結している労働者や派遣労働者についての雇用状況についても記入して提出します。その他、現在被保険者でない労働者について、本来、被保険者となるべき労働者ではないかどうかを確認するためにも用いられます。事業所の社会保険担当者の立場では、「算定基礎届」だけを重要視し、「算定基礎届総括表」を軽視しがちですが、「算定基礎届総括表」もおろそかにしないようにしましょう。

　「算定基礎届」提出の際に忘れてはならないのが、「70歳以上被用者算定基礎届」です。**70歳以上被用者算定基礎届**とは、原則として70歳以上の人は厚生年金保険の被保険者として対象とはなりませんが、在職老齢年金の対象者であることに変わりはなく、70歳以降も60歳後半の場合と同じ計算方法で収入により、年金の支給が停止されることになります。ところが、年金事務所に「算定基礎届」を提出するのは、75歳になるまで（健康保険組合加入の会社であれば70歳になるまで）ですので、その後は、年金事務所が厚生年金保険の加入対象とならなくなった70歳以上の方の報酬額を把握することができないため、年金の支給停止をするための情報がありません。そこで提出することになるのが、「70歳以上被用者算定基礎届」です。以前は、「算定基礎届」

と「70歳以上被用者算定基礎届」は別の書式でしたが、現在は一体化されていますので、75歳以上（健康保険組合加入の会社は70歳以上）の方がいる会社で「算定基礎届」を提出する際は、忘れずに記入した上で、提出しましょう。

ケース1　正社員とパートタイム労働者がいる場合

書式は、以下のケースで会社の担当者が作成する算定基礎届（書式1）、総括表（書式2）です。

> **被保険者数**：8人（社長山田一郎の他、労働者佐藤二恵・鈴木三佳・田中美四子・伊藤啓五・山本豊六・小林七海・加藤八重の計8人）
> **従業員の労働形態**：山田一郎・佐藤二恵・鈴木三佳については大卒後入社。正社員（10年勤務）。田中美四子・伊藤啓五については大卒後入社。正社員（5年勤務）、山本豊六・小林七海・加藤八重については中途採用。パートタイム労働者（3年勤務）。
> **報酬**：田中美四子・伊藤啓五については月20万円、山本豊六・小林七海・加藤八重については時間給1,000円（1日8時間勤務）。
> 従業員への支払形態：20日締め、25日支払い、現金払い。
> その他の手当等：時間外労働はないため残業代や休日出勤手当の支払いはない。また、通勤手当や資格手当など諸手当の支給もない。
> **出勤日数**：山本豊六については4月＝15日、5月＝16日、6月＝17日、小林七海については4月＝16日、5月＝15日、6月＝14日、加藤八重については4月＝14日、5月＝17日、6月＝13日。

書式の作成ポイント

① 算定基礎届

支払基礎日数が17日以上ある月の報酬の平均額を算出します。

②③の欄には5月19日以前に資格取得している者はすべてプリントされていますが、その内容が間違っている場合は、「氏名変更届」または「生年月日訂正届」を別途届け出るようにしましょう。

山本豊六、小林七海、加藤八重のようなパートタイム労働者など、日給や時給で報酬額を決定する者については、⑨欄には出勤日数を記入します。また、⑭欄の報酬月額の総計や⑮欄の平均額の算定の方法も正社員と異なります。支払基礎日数が17日以上の月がまったくなかった場合でも、15日以上の月が1か月でもあれば、その月だけで算定します。

そして本ケースにはいませんが、15日以上の月が1か月もない場合には、従前の標準報酬額を基に保険者が決定しますので⑭欄や⑮欄は記入を省略します。また、⑱欄には、「7、パート」を○で囲みましょう。

② 総括表

総括表の「事業所情報」欄には、支社（支店）、工場等複数の事業所を有しているか、また、有している場合、何事業所有していて、社会保険の適用は、事業所ごとかまたは一括になっているのかを記入します。これは、社会保険は原則として事業所ごとの適用となっているため、適切に適用されているか、また事業所の加入漏れがないかの確認のために記入します。

「被保険者状況」欄には、常勤・非常勤を問わず役員となっている人やパートタイマー・アルバイトとして被保険者となっていない労働者も含めて、報酬を支払っているすべての人の人数を記載します。雇用しているパートタイマーが社会保険の被保険者に該当する場合、総括表の⑦の欄にはパートタイマーも含めて記載します。また、被保険者となっていない労働者や請負契約、派遣労働者、海外勤務者がいる場合にはそれぞれの欄に人数などを記載する必要があります。

「勤務状況」欄の一般の従業員以外の方の平均的な勤務状況につい

て、雇用契約に期間の定めのあるパートタイマー等がいる場合は、平均的な1カ月の勤務日数、1週間の勤務時間、勤務（契約）期間を記入してください。

「報酬等支払状況」欄には、給与の締め支払い日が雇用形態等により異なる場合は、雇用形態別に締め支払い日を記入します。また、制度上（就業規則上または雇用契約上）支給されることがある報酬の種類をすべて記入します。書式に記載されていない場合には、「その他」に○をつけ、括弧内に名称を記載します。また、算定基礎届に該当する報酬が含まれていないときは、「いない」に○をつけます。

ケース2　手当や残業代、賞与の支給がある場合

書式は、以下のケースで会社の担当者が作成する算定基礎届（書式3）、総括表（書式4）です。

被保険者数：5人（ケース1の山田一郎・佐藤二恵・鈴木三佳・田中美四子・伊藤啓五）

従業員の労働形態：山田一郎・佐藤二恵・鈴木三佳については大卒後入社、正社員（10年勤務）。田中美四子・伊藤啓五については大卒後入社。正社員（5年勤務）、山本豊六・小林七海・加藤八重については中途採用パートタイム労働者（3年勤務）。

報酬：月額報酬として、山田一郎に月50万円、佐藤二恵・鈴木三佳に月25万円、田中美四子・伊藤啓五に月20万円支給。それに加えて、佐藤二恵については業績手当4月＝1万円、5月＝5,000円、6月＝3,000円、鈴木三佳については現物支給5月＝8,000円、6月＝4,000円、田中美四子については残業手当4月＝6,000円、6月＝9,000円、伊藤啓五については賞与（年4回以上）支給実績あり（26年8月＝10万円、26年11月＝25万円、27年2月＝10万円、27年5月＝15万円）。

従業員への支払形態：20日締め、25日支払い、現金払い。
その他の手当等：上記以外なし。

書式の作成ポイント

① 算定基礎届

　佐藤二恵の業績手当、田中美四子の残業手当であっても、基本給同様、支給のあった月の報酬月額に算入します。手当で忘れがちなのが通勤手当ですが、これも報酬の一部として同様に算入します。鈴木三佳への支給のように昼食などの現物給与を支給しているときは、事業所の所在する都道府県の標準価格により算定した額を⑫欄に記入します。なお、本人負担がある場合は、その分を差し引いて算出しますが、本人負担が3分の2を超えると報酬とはみなされません。

　伊藤啓五については、7月1日を基準に過去1年間に4回以上賞与の支給実績があった場合の記載ですが、賞与の総額を12で割った額を各月の報酬月額に加えて処理します。また、備考には、「賞与」、支給月、12等分した額を記載しておきます。

② 総括表

　総括表の「報酬等支払状況」欄の固定的賃金とは、就業規則や雇用契約書で支給額や支給率が決まっているものを指します。佐藤二恵のような業績手当など決まっていないものは、非固定的賃金に記載します。

　記載方法については、ケース1で見た書式2と異なるところはありません。役員となっている人で非常勤役員で社会保険未加入の方、社会保険の加入要件を満たしていない労働者を含めて、報酬を支払っているすべての人の人数を記入します。すべての人を記入しなければならない理由として、年金事務所は、算定基礎届とともに総括表の内容も確認します。その際に社会保険の対象となるべき人がすべて社会保険に加入しているかどうかを確認するためです。

ケース3　昇給、遡り昇給、保険者算定の申立てがある場合

　書式は、以下のケースで会社の担当者が作成する算定基礎届（書式5）、総括表、年間報酬の平均で算定することの申立書（書式6）、被保険者の同意等に関する書面（書式7）です。

被保険者数：4人（山田一郎、佐藤二恵、鈴木三佳、田中美四子）
従業員の労働形態：山田一郎、佐藤二恵、鈴木三佳は、大卒後入社。正社員（10年勤務）。田中美四子については、大卒後入社。正社員（5年勤務）。
報酬：山田一郎については月50万円、佐藤二恵については月25万円が4月1日付昇給により月26万円に変更。鈴木三佳については月25万円が2月1日付昇給により月26万円になるものの、5月の支給日に過月分の昇給差額を合わせてさかのぼって支給する（遡り昇給）。
田中美四子の業務については、4月〜6月の3か月間は、例年繁忙のため、支給額が36万円となるが、その他の月については支給月額20万円となる。
従業員への支払形態：末日締め、翌月10日支払い、現金払い
その他の手当等：山田一郎、佐藤二恵、鈴木三佳については残業・手当なし。田中美四子については、4〜6月の3か月間は残業代が支払われている。

書式の作成ポイント

①　算定基礎届

　本書式は、ケース1〜2と異なり、支払形態が「末日締め、翌月10日支払い」ですが、4月分の報酬算定の基礎となるのは3月1日〜31日であるため、4月分の報酬支払基礎日数は「31日」となります。同様に、5月分は「30日」、6月分は「31日」となります。佐藤二恵

は、4月1日付で昇給しているのですが、実際の昇給額の支給は5月10日となることから、4月の報酬月額は、昇給前の額となります。

　昇給があった場合に、昇給分を昇給月から支給せずに、実際に昇給分を支給する月に過去の昇給差額を上乗せして支給することを**遡り昇給（遡り支給）**といいます。本ケースの鈴木三佳は、2月1日付、つまり3月支給分から昇給されるものの、5月の支給時に3月、4月の2か月の昇給分も支給されたという遡り昇給が行われた事例です。算定基礎届には、3月と4月の2か月の昇給分（合計2万円）を5月の報酬月額に算入します（26万円＋2万円＝28万円）。その上で⑯欄の修正平均額には、遡及支払額（本ケースでは20,000円）を除いた平均額を記入します。また、⑧欄には「遡及支払額」（本ケースでは「20,000円」）を記載します。なお、⑮欄の平均額に小数点以下の端数が生じた場合には、切り捨てます。

　田中美四子については、後述する保険者算定を申し立てるため、⑯欄に年間の報酬に基づく標準報酬月額（修正平均額、本ケースでは24万円）を記載し、備考欄（⑱欄）の「8．年間平均」を○で囲みます。

② 総括表

　総括表の記載方法については、ケース1と異なるところはないため書式2を参照してください。

③ 申立書、同意書

　4～6月の3か月間の報酬額で社会保険料を算定することが困難な場合や著しく不当な結果が生じる場合、保険者が報酬月額を算定し、標準報酬月額を決定します。これを**保険者算定**といいます。

　「当年の4月、5月、6月の3か月間に受けた報酬の月平均額から算出した標準報酬月額」と「前年の7月から当年の6月までの間に受けた報酬の月平均額から算出した標準報酬月額」の間に2等級以上の差を生じた場合で、その差が業務の性質上例年発生することが見込まれる場合に保険者算定の申立てを行うことができます。申立てを行う

場合、算定基礎届・総括表に、該当する労働者についての申立書と同意書を添付します。

本ケースでは、決算後の事務処理や法人税の事務処理で4～6月が例年繁忙期であることを想定して記載をしていますが、例年4～6月が閑散期で報酬額が格段に低いといったような場合にもこの手続きを利用することができます。

申立書には、業務の内容や労働時間の状況を記載し、年間平均の申立てを行うことができるケースであることを示します。同意書には、前年7月～当年6月までの報酬金額を記載し、前年7月～当年6月までの報酬金額に基づく社会保険料の等級と、当年4月～6月までの報酬金額に基づく社会保険料の等級を記載し、両者の間に2等級以上の差があることがわかるようにします。末尾の同意欄には、手続きを利用する労働者から署名および押印をしてもらいます。

■ 定時決定による標準報酬月額の求め方

〈例1〉3か月ともに支払基礎日数が17日以上あるとき

月	支払基礎日数	支給額
4月	31日	305,000円
5月	30日	320,000円
6月	31日	314,000円

3か月間の合計　　　　　　　　939,000円
平均額　939,000円÷3＝313,000円
標準報酬月額　　　　　　　　320,000円

〈例2〉3か月のうち支払基礎日数が17日未満の月があるとき

月	支払基礎日数	支給額
4月	31日	312,000円
5月	16日	171,000円
6月	31日	294,000円

2か月間の合計　　　　　　　　606,000円
平均額　606,000円÷2＝303,000円
標準報酬月額　　　　　　　　300,000円

※支払基礎日数は暦日数ではなく、給与支払いの対象となった日数を記載する。
　たとえば、「20日締め25日支払い」の場合、4月25日に支払われる給与についての基礎日数は3月21～4月20日までの31間となるため、4月の支払基礎日数は31日となる。5月25日支払われる給与については、4月21～5月20日までの30日間となるため、5月の支払基礎日数は30日となる。

書式1 正社員とパートタイム労働者がいる場合（算定基礎届）

健康保険・厚生年金保険 被保険者報酬月額算定基礎届
厚生年金保険 70歳以上被用者算定基礎届

様式コード 2 2 2 5

平成 30 年 7 月 10 日提出

事業所整理記号：55-ヤケサ

〒160-0000
東京都新宿区○○1-1-1
株式会社 山田印刷
代表取締役 山田 一郎 ㊞
電話番号 03(5555)5555

1. 山田 一郎　5-450605

従前の標準報酬月額	従前改定月	昇（降）給	遡及支払額
500千円	500千円	29年9月	

支給月	日数	通貨	現物	合計	総計
4月	31	500,000		500,000	1,500,000
5月	30	500,000		500,000	平均額 500,000
6月	31	500,000		500,000	

2. 佐藤 二恵　5-551220

従前	従前	昇降	遡及
260千円	260千円	29年9月	

支給月	日数	通貨	現物	合計	総計
4月	31	250,000		250,000	750,000
5月	30	250,000		250,000	平均額 250,000
6月	31	250,000		250,000	

3. 鈴木 三佳　5-551010

従前	従前	昇降	遡及
260千円	260千円	29年9月	

支給月	日数	通貨	現物	合計	総計
4月	31	250,000		250,000	750,000
5月	30	250,000		250,000	平均額 250,000
6月	31	250,000		250,000	

4. 田中 美四子　5-600430

従前	従前	昇降	遡及
200千円	200千円	29年9月	

支給月	日数	通貨	現物	合計	総計
4月	31	200,000		200,000	600,000
5月	30	200,000		200,000	平均額 200,000
6月	31	200,000		200,000	

5. 伊藤 啓五　5-610215

従前	従前	昇降	遡及
200千円	200千円	29年9月	

支給月	日数	通貨	現物	合計	総計
4月	31	200,000		200,000	600,000
5月	30	200,000		200,000	平均額 200,000
6月	31	200,000		200,000	

備考欄：
1. 70歳以上被用者算定（算定基礎月　　月　　月）
2. 二以上勤務　3. 月額変更予定
4. 途中入社　5. 病休・育休・休職等
6. 短時間労働者（特定適用事業所等）
7. パート　8. 年間平均
9. その他（　　）

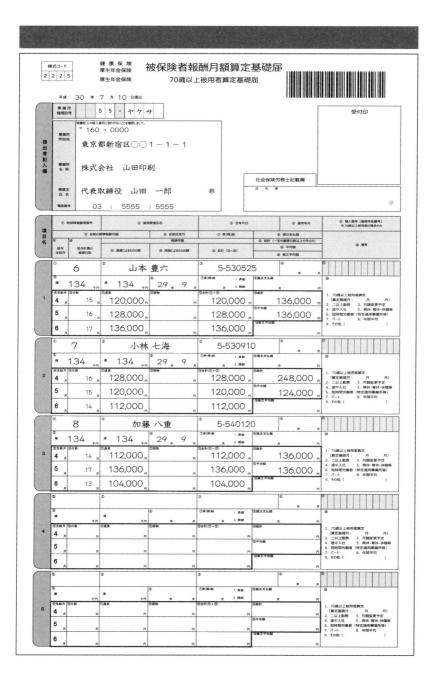

書式2　正社員とパートタイム労働者がいる場合（総括表）

健康保険・厚生年金保険　被保険者報酬月額算定基礎届 －総括表－

様式コード：2229

平成 30 年 7 月 10 日提出

提出者記入欄
- 事業所整理記号：55 - ヤケサ　事業所番号：10000
- 事業所所在地：〒160-0000　東京都新宿区○○1-1-1
- 事業所名称：株式会社山田印刷
- 事業主氏名：代表取締役　山田一郎
- 電話番号：03（5555）5555

受付印

社会保険労務士記載欄

日本年金機構使用欄	
社労士コード	
通番	
総合調査・会計検査院検査年月日	年　月　日
業態区分（変更前）	
適用年度	年度
算定完了年月日	年　月　日

業態
- 業態区分の変更の有無：⓪．無　1．有
- 事業の種類：印刷業
- 変更後の業態区分：

事業所情報
- 適用形態：
  ① 支社（支店）、工場、出張所等の複数の事業所を有している。　⓪．いいえ　1．はい
  ② 上記①で「1．はい」と回答された場合に　支社（支店）、工場、出張所の総数　　カ所
  　　複数の事業所の適用単位　1．事業所ごと　2．一括
- 法人番号：
- 個人・法人番号区分／本支店・支店区分／内・外国区分

被保険者状況

項目	人数	内訳		
7月1日現在の被保険者総数	8 人	5月19日現在の被保険者数　男性 3 人　女性 5 人　計 8 人		
		当機に未記載の人で5月31日までに被保険者になった人	0 人	
算定基礎届対象者数	8 人	本年6月1日から7月1日までに被保険者になった人	0 人	
		当機に記載のある人で6月30日までに退職した人	0 人	
7月1日現在、賃金・報酬を支払っている人のうち被保険者となっていない人	0 人	パート等（週20時間以上勤務）	59歳以下 0人　60～69歳 0人　70歳以上 0人	
		アルバイト等（週20時間未満勤務）	59歳以下 0人　60～69歳 0人　70歳以上 0人	
		外国人労働者	59歳以下 0人　60～69歳 0人　70歳以上 0人	
		その他（役員・嘱託等）	59歳以下 0人　60～69歳 0人　70歳以上 0人	
		後期高齢者医療制度の加入者	0 人	
請負契約	請負契約をしていて、自社の施設等を利用し業務を行わせている人がいる。	⓪．いない　1．いる（　　人）		
派遣労働者	派遣業者から派遣されている労働者がいる。	⓪．いない　1．いる（　　人）		
海外勤務者	子会社等、海外で勤務している人がいる。	⓪．いない　1．いる（　　人）		

勤務状況

就業規則等で定めている一般従業員の勤務状況について	1カ月の勤務日数 22 日　1週の勤務時間 8 時間
一般従業員以外の方の平均的な勤務状況	1カ月の勤務日数　日　1週の勤務時間　時間　勤務（契約）期間　カ月・定めなし

給与支払日

20 日締切（当月・翌月） 25 日払い		⓪役員・⓪正職員・パート、アルバイト等
日締切（当月・翌月）日払い		役員・正職員・パート、アルバイト等
日締切（当月・翌月）日払い		役員・正職員・パート、アルバイト等

報酬等支払状況

- 昇給月（ベースアップ含む）：変更前の昇給月　昇給月の変更の有無 ⓪．無 1．有　年 1 回（ 4 月　月　月　月）
- 報酬の種類
  - 固定的賃金：①基本給（月給）2．基本給（日給）3．基本給（時間給）4．家族手当　5．住宅手当　6．役付手当　7．物価手当　⑧通勤手当　9．その他
  - 非固定的賃金：①残業手当　2．宿日直手当　3．皆勤手当　4．生産手当　5．その他
  - 現物給与：1．定期券（1カ月）2．定期券（3カ月）3．定期券（6カ月）4．通勤回数乗車券　5．食事（朝・昼・夜）6．住宅　7．被服　8．その他
- 賞与等（賞与・期末手当・決算手当等）：変更前の賞与支払予定月　賞与等支払月の変更の有無 ⓪．無 1．有　年 0 回　直近の賞与支払月　月　月　月

書式3 手当や残業代、賞与の支給がある場合（算定基礎届）

様式コード 2 2 2 5

健康保険
厚生年金保険　被保険者報酬月額算定基礎届
厚生年金保険　70歳以上被用者算定基礎届

平成 30 年 7 月 10 日提出

事業所整理記号　55 - ヤケサ

提出者記入欄
〒160 - 0000
事業所所在地　東京都新宿区○○1－1－1
事業所名称　株式会社 山田印刷
事業主氏名　代表取締役 山田 一郎 ㊞
電話番号　03（5555）5555

受付印

社会保険労務士記載欄　氏名

項目名	①被保険者整理番号	②被保険者氏名	③生年月日	④適用年月	⑤個人番号[基礎年金番号]※70歳以上被用者の場合のみ
	⑤従前の標準報酬月額	⑥従前改定月	⑦昇（降）給	⑧遡及支払額	
	報酬月額			給与計算の基礎日数	
	給与支給月	通貨によるものの額	現物によるものの額	合計（⑨+⑩）	総計（一定の基礎日数以上の月のみ）／平均額／修正平均額	備考

1　山田 一郎　5-450605
健 500 厚 500　29年9月　1.昇給 2.降給
4月 31日　500,000　　500,000　総計 1,500,000
5月 30日　500,000　　500,000　平均額 500,000
6月 31日　500,000　　500,000
備考：1.70歳以上被用者算定（算定基礎月： 月 月）2.二以上勤務 3.月額変更予定 4.途中入社 5.病休・育休・休職等 6.短時間労働者（特定適用事業所等）7.パート 8.年間平均 9.その他（　）

2　佐藤 二恵　5-551220
健 260 厚 260　29年9月
4月 31日　250,000　　250,000　総計 768,000
5月 30日　255,000　　255,000　平均額 256,000
6月 31日　253,000　　253,000

3　鈴木 三佳　5-551010
健 260 厚 260　29年9月
4月 31日　250,000　　250,000　総計 762,000
5月 30日　250,000　8,000　258,000　修正平均額 254,000
6月 31日　250,000　4,000　254,000

4　田中 美四子　5-600430
健 200 厚 200　29年9月
4月 31日　206,000　　206,000　総計 615,000
5月 30日　200,000　　200,000　平均額 205,000
6月 31日　209,000　　209,000

5　伊藤 啓五　5-610215
健 200 厚 200　29年9月
4月 31日　250,000　　250,000　総計 750,000
5月 30日　250,000　　250,000　平均額 250,000
6月 31日　250,000　　250,000

書式4 手当や残業代、賞与の支給がある場合（総括表）

書式5　昇給、遡り昇給、保険者算定の申立てがある場合（算定基礎届）

健康保険/厚生年金保険　被保険者報酬月額算定基礎届
厚生年金保険　70歳以上被用者算定基礎届

様式コード：2225

平成 30 年 7 月 10 日提出

事業所整理記号：55-ヤケサ

提出者記入欄
- 事業所所在地：〒160-0000　東京都新宿区○○1-1-1
- 事業主氏名：株式会社　山田印刷　代表取締役　山田　一郎 ㊞
- 電話番号：03（5555）5555

---

1. 山田 一郎　生年月日 5-450605

被保険者整理番号	1
従前の標準報酬月額	健500千円／厚500千円
従前改定月	29年9月
昇（降）給	1.昇給

給与支給月	給与計算の基礎日数	通貨によるものの額	現物によるものの額	合計（①＋②）	総計	平均額
4月	31日	500,000円		500,000円	1,500,000円	
5月	30日	500,000円		500,000円		500,000円
6月	31日	500,000円		500,000円		

備考：1. 70歳以上被用者算定

---

2. 佐藤 二恵　生年月日 5-551220

被保険者整理番号	2
従前の標準報酬月額	健260千円／厚260千円
従前改定月	29年9月
昇（降）給	5月　1.昇給

給与支給月	給与計算の基礎日数	通貨によるものの額	現物によるものの額	合計	総計	平均額	修正平均額
4月	31日	250,000円		250,000円	770,000円		
5月	30日	260,000円		260,000円		256,666円	
6月	31日	260,000円		260,000円			

備考：8. 年間平均

---

3. 鈴木 三佳　生年月日 5-551010

被保険者整理番号	3
従前の標準報酬月額	健260千円／厚260千円
従前改定月	29年9月
昇（降）給	5月　1.昇給
遡及支払額	5月　20,000円

給与支給月	給与計算の基礎日数	通貨によるものの額	現物によるものの額	合計	総計	平均額	修正平均額
4月	31日	250,000円		250,000円	790,000円		
5月	30日	280,000円		280,000円		263,333円	
6月	31日	260,000円		260,000円			256,666円

---

4. 田中 美四子　生年月日 5-600430

被保険者整理番号	4
従前の標準報酬月額	健200千円／厚200千円
従前改定月	29年9月
昇（降）給	1.昇給

給与支給月	給与計算の基礎日数	通貨によるものの額	現物によるものの額	合計	総計	平均額	修正平均額
4月	31日	360,000円		360,000円	1,080,000円		
5月	30日	360,000円		360,000円		360,000円	
6月	31日	360,000円		360,000円			240,000円

備考：9. その他

第7章　ケース別　算定基礎届・月額変更届の書き方

書式6　年間報酬の平均で算定することの申立書

新宿年金事務所長　様

年間報酬の平均で算定することの申立書

　当事業所は**印刷業**を行っており、**当事業所内の経理部門では**、毎年、4月から6月までの間は、**決算後の業務整理、法人税の申告に関する事務処理**により、繁忙期となることから、健康保険及び厚生年金保険被保険者の報酬月額算定基礎届を提出するにあたり、健康保険法第41条及び厚生年金保険法第21条の規定による定時決定の算定方法によると、年間報酬の平均により算出する方法より、標準報酬月額等級について2等級以上の差が生じ、著しく不当であると思料されますので、健康保険法第44条第1項及び厚生年金保険法第24条第1項における「報酬月額の算定の特例」（年間）にて決定していただくよう申し立てます。

　なお、当事業所における例年の状況、標準報酬月額の比較及び被保険者の同意等の資料を添付します。

平成29年7月10日
　　　　事業所所在地　　東京都新宿区○○1-1-1
　　　　事業所名称　　　株式会社山田印刷
　　　　事業主氏名　　　代表取締役　山田一郎　　　　印
　　　　連絡先　　　　　03-5555-5555

※業種等は正確に記入いただき、理由は具体的に記載をお願いします。

書式7 被保険者の同意等に関する書面

保険者算定申立に係る例年の状況、標準報酬月額の比較及び被保険者の同意等

【申請にあたっての注意事項】
- この用紙は、算定基礎届をお届けいただくにあたって、年間報酬の平均で決定することを申し立てる場合に必ず提出してください。
- この用紙は、定時決定にあたり、4、5、6月の報酬の月平均と年間報酬の月平均に2等級以上差があり、年間報酬の平均で決定することに同意する方のみ記入してください。
- また、被保険者の同意を得ている必要がありますので、同意欄に被保険者の自署にて氏名を記入いただくか記名のうえ押印してください。
- なお、標準報酬月額は、年金や傷病手当金など、被保険者が受ける保険給付の額にも影響を及ぼすことにご留意下さい。

事業所整理記号	55 ヤケサ	事業所名称	株式会社山田印刷

被保険者整理番号	被保険者の氏名	生年月日	種別
5-600430	田中美四子	昭和60年4月30日	2

【前年7月～当年6月の報酬額等の欄】

算定基礎月の報酬支払基礎日数		通貨によるものの額	現物によるものの額	合計
平成29年 7月	30 日	200,000 円	0 円	200,000 円
平成29年 8月	31 日	200,000 円	0 円	200,000 円
平成29年 9月	31 日	200,000 円	0 円	200,000 円
平成29年 10月	30 日	200,000 円	0 円	200,000 円
平成29年 11月	31 日	200,000 円	0 円	200,000 円
平成29年 12月	30 日	200,000 円	0 円	200,000 円
平成30年 1月	31 日	200,000 円	0 円	200,000 円
平成30年 2月	31 日	200,000 円	0 円	200,000 円
平成30年 3月	28 日	200,000 円	0 円	200,000 円
平成30年 4月	31 日	360,000 円	0 円	360,000 円
平成30年 5月	30 日	360,000 円	0 円	360,000 円
平成30年 6月	31 日	360,000 円	0 円	360,000 円

【標準報酬月額の比較】※全て事業主が記載してください。

従前の標準報酬月額	健康保険	厚生年金保険
	200 千円	200 千円

前年7月～本年6月の合計額(※)	前年7月～本年6月の平均額(※)	健康保険		厚生年金保険	
		等級	標準報酬月額	等級	標準報酬月額
2,880,000円	240,000 円	19	240 千円	15	240 千円

本年4月～6月の合計額(※)	本年4月～6月の平均額(※)	健康保険		厚生年金保険	
		等級	標準報酬月額	等級	標準報酬月額
1,080,000円	360,000 円	25	360 千円	21	360 千円

2等級以上(○又は×)	修正平均額(※)	健康保険		厚生年金保険	
		等級	標準報酬月額	等級	標準報酬月額
○	240,000 円	19	240 千円	15	240 千円

【標準報酬月額の比較】の(※)部分を算出する場合は、以下にご注意ください。
① 支払基礎日数17日未満の月の報酬額は除く。
② 短時間就労者の場合は、「通常の方法で算出した標準報酬月額」(当年4月～6月)の支払基礎日数を17日以上の月の報酬の平均額とした場合には、「年間報酬で算出した標準報酬月額」(前年7月～当年6月)も17日以上の月の報酬の平均額。
「通常の方法で算出した標準報酬月額」の支払基礎日数が17日以上ないので、15日以上17日未満の月の報酬の平均額とした場合には、「年間報酬で算出した標準報酬月額」は、支払基礎日数が15日以上の月の報酬の平均額。
③ 低額の休職給を受けた月、ストライキによる賃金カットを受けた月及び一時帰休に伴う休業手当等を受けた月を除く。
④ 給与の支払いに遅配がある場合は
 ア 前年6月分以前に支払うべきであった給与の遅配分を前年7月～本年6月までに受けた場合は、その遅配分に当たる報酬の額を除く。
 イ 前年7月～当年6月の期間中に本来支払われるはずの報酬の一部が、当年7月以降に支払われることになっている場合は、その支払われるはずだった月を除く。
⑤ 上記①～④に該当する場合は、「修正平均額」には、「前年7月～本年6月の平均額」を記入。
⑥ 上記①～④に該当した場合は、その旨を【備考欄】に記入。

【被保険者の同意欄】
私は本年の定時決定にあたり、年間報酬月額の平均で決定することを希望しますので、当事業所が申立てすることに同意します。

被保険者氏名　田中美四子　㊞

【備考欄】

第7章　ケース別　算定基礎届・月額変更届の書き方

2 ケース別月額変更届の作成方法と書式

契約の見直しなどを行うときには注意が必要

● 標準報酬月額に2等級以上の差が生じたときの手続き

　固定的賃金の増減、給与体系の変更などがあった月以降の3か月間の平均給与額による標準報酬月額が、それまでの標準報酬月額と比べて2等級以上の差が生じた場合に行うのが**随時改定**です。たとえば、従来の標準報酬月額が「260千円（26万円）」だった被保険者について、1月に昇給が行われた結果、1月～3月の平均給与額が300,000円となった場合、標準報酬月額は「300千円（30万円）」となります。この場合、標準報酬月額が2等級上がったことになるため（健康保険の場合、260千円は20等級で、300千円は22等級）、随時改定を行うことが必要です。随時改定のために所轄年金事務所に提出する届出は「健康保険厚生年金保険被保険者報酬月額変更届」です。変動があった月から3か月を経過した後できるだけ早く提出する必要があります。

ケース4　基本給・時給の昇給があった場合

　書式は、以下のケースで会社の担当者が作成する健康保険厚生年金保険被保険者報酬月額変更届（書式8）です。

> **被保険者数**：3人（社長馬田一美、正社員猫川慎二、パート社員犬岡三太）
> **報酬額の変動**：馬田一美については昇給により月58万円から64万円に変更（1月21日付）。猫川慎二については、昇給により月30万円から33万円に変更（1月21日付）。犬岡三太については、昇給により時間給890円から1,000円に変更（1月21日付）。勤務時

形態は1日8時間、月17日出勤として変更なし。
支払形態：20日締め、25日支払い、通貨払い。
報酬の構成：基本給のみによる。残業手当、賞与等はなし。

書式の作成ポイント

馬田一美については、標準報酬29等級（590,000円）から最高等級30等級（620,000円）への1等級の差ですが、3か月平均の報酬月額が635,000円以上となることから随時改定を行います。猫川慎二と犬岡三太においては、昇給により固定的賃金に変動が生じ2等級以上の差が生じたため随時改定となります。犬岡三太のように時給や日給で賃金が決定されている場合は、時給や日給あるいはその他の固定的賃金の額の変動が随時改定の要件となります。④欄は、標準報酬月額が改定される年月を記入します（ケースの場合は「30年5月」）。

ケース5　非固定的賃金の変動や遡り昇給がある場合

書式は、以下のケースで会社の担当者が作成する健康保険厚生年金保険被保険者報酬月額変更届（書式9）です。

被保険者数：2人（正社員猫川慎二の他、正社員猿渡四郎）
報酬額の変動：猫川慎二については昇給により月30万円から31万円に変更（1月21日付）。ただし、期間中に残業手当の支給あり。猿渡四郎については昇給により月24万円から27万円に変更（11月21日付。ただし、2月の支給日に過月分の遡り支給）。
支払形態：20日締め、25日支払い、通貨払い。
報酬の構成：基本給、残業手当による。賞与等はなし。

書式の作成ポイント

猫川慎二は、固定的賃金の変動だけでは1等級の差となるが、期間

内に支給された非固定的賃金を合わせると2等級の差が生じることから、随時改定が行われます。猿渡四郎においては、11月21日付つまり12月支給分から昇給されるものの、2月の支給時に12月、1月の2か月の昇給分も支給されたというケースですが、その分も含めた額を2月の報酬月額に算入します。その上で⑯欄の修正平均額には、遡及支払額（本ケースでは60,000円）を除いた平均額を記入します。また、⑧欄にはその「遡及支払額」を忘れずに記入しましょう。

ケース6　諸手当や現物支給による賃金の変動がある場合

書式は、以下のケースで会社の担当者が作成する健康保険厚生年金保険被保険者報酬月額変更届（書式10）です。

> 被保険者数：2人（正社員猫川慎二、猿渡四郎）
> 報酬額の変動：猫川慎二については昇給により月30万円から31万5,000円に変更（1月21日付）。ただし、期間中に現物報酬の支給あり。猿渡四郎については、役職手当3万円が加わり月24万円から27万円に変更（1月21日付）。
> 支払形態：20日締め、25日支払い、通貨ならびに現物払い。
> 報酬の構成：基本給、役職手当による残業手当、賞与等はなし。

書式の作成ポイント

猫川慎二のように住宅などの現物給与を支給しているときは、事業所の所在する都道府県の標準価格により算定した額から本人負担額を除いた額を⑫欄に記入します。

猿渡四郎では、役職手当が加わり、結果として昇給となったわけですが、役職手当も固定的賃金であることから随時改定が行われます。

書式8 基本給・時給の昇給があった場合

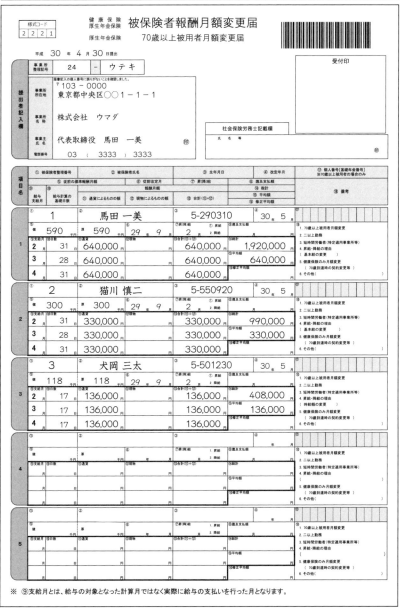

第7章 ケース別 算定基礎届・月額変更届の書き方

書式9　非固定的賃金の変動や遡り昇給がある場合

健康保険／厚生年金保険　被保険者報酬月額変更届
厚生年金保険　70歳以上被用者月額変更届

様式コード：2221

平成 30 年 4 月 30 日提出

提出者記入欄
- 事業所整理記号：24 - ウテキ
- 事業所所在地：〒103-0000　東京都中央区○○1-1-1
- 事業所名称：株式会社　ウマダ
- 事業主氏名：代表取締役　馬田 一美　㊞
- 電話番号：03（3333）3333

項目名	①被保険者整理番号	②被保険者氏名	③生年月日	④改定年月	⑪個人番号[基礎年金番号] ※70歳以上被用者の場合のみ
	⑤従前の標準報酬月額	⑥従前改定月	⑦昇（降）給	⑧遡及支払額	
	⑨給与支給月／⑩給与計算の基礎日数	報酬月額（通貨・現物・合計⑪＋⑫）		⑬総計／⑭平均額／⑮修正平均額	⑯備考

1
- ① 2
- ② 猫川 慎二
- ③ 5-550920
- ④ 30年5月
- ⑤ 健 300／厚 300 千円
- ⑥ 29年9月
- ⑦ 2月 昇給
- 2月 31日 340,000　340,000　990,000
- 3月 28日 320,000　320,000　330,000（平均額）
- 4月 31日 330,000　330,000
- 備考：1.70歳以上被用者月額変更　2.二以上勤務　3.短時間労働者（特定適用事業所等）　4.昇給・降給の理由（基本給の変更）　5.健康保険のみ月額変更（70歳到達時の契約変更等）　6.その他（　）

2
- ① 4
- ② 猿渡 四郎
- ③ 5-601130
- ④ 30年5月
- ⑤ 健 240／厚 240 千円
- ⑥ 29年9月
- ⑦ 2月 昇給
- ⑧ 60,000
- 2月 31日 330,000　330,000　870,000
- 3月 28日 270,000　270,000　290,000（平均額）
- 4月 31日 270,000　270,000　270,000（修正平均額）
- 備考：1.70歳以上被用者月額変更　2.二以上勤務　3.短時間労働者（特定適用事業所等）　4.昇給・降給の理由（基本給の変更）　5.健康保険のみ月額変更（70歳到達時の契約変更等）　6.その他（　）

※ ⑨支給月とは、給与の対象となった計算月ではなく実際に給与の支払いを行った月となります。

書式10 諸手当や現物支給による賃金の変動がある場合

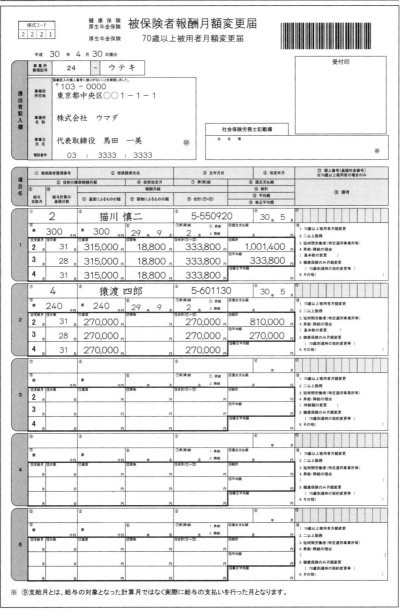

第7章 ケース別 算定基礎届・月額変更届の書き方

【監修者紹介】
小島 彰（こじま あきら）

1957年生まれ。石川県出身。特定社会保険労務士（東京都社会保険労務士会）。就業規則等の作成から労働保険・社会保険の手続き業務といった代行業務、労務相談、IPO（株式上場）支援コンサルテーション、労務監査などを数多く手掛けている。労務相談については、企業側からの相談に留まらず、労働者側からの相談も多い。また、IPO（株式上場）のコンサルティングにおいては、昨今のIPOでの労務関係の審査の厳格化に対応するための適切な指導を行っている。IPO関連のセミナーの実績多数。
著作に、『パート・契約社員・派遣社員の法律問題とトラブル解決法』『解雇・退職勧奨の上手な進め方と法律問題解決マニュアル』『労働基準法と労働条件の基本がわかる事典』『労働安全衛生をめぐる法律と疑問解決マニュアル108』（監修、小社刊）などがある。

こじまあきら社会保険労務士事務所
会社の設立時の新規適用申請から労働保険・社会保険の手続き代行、給与計算代行、就業規則の新規作成および改正業務、その他労務関連の諸規定の整備、IPO（株式上場）労務コンサルテーションなど幅広く対応している。また、電話とメールを活用した相談サービスやセミナー講師、原稿執筆なども積極的に行っている。
ホームページ　http://www.kojimaakira-sr.com

事業者必携
改正対応　入門図解
労働時間と給与計算の法律と手続き

2018年10月30日　第1刷発行

監修者	小島彰（こじまあきら）
発行者	前田俊秀
発行所	株式会社三修社
	〒150-0001　東京都渋谷区神宮前2-2-22
	TEL　03-3405-4511　FAX　03-3405-4522
	振替　00190-9-72758
	http://www.sanshusha.co.jp
	編集担当　北村英治
印刷所	萩原印刷株式会社
製本所	牧製本印刷株式会社

©2018 A. Kojima Printed in Japan
ISBN978-4-384-04796-7 C2032

JCOPY 〈出版者著作権管理機構　委託出版物〉
本書の無断複製は著作権法上での例外を除き禁じられています。複製される場合は、そのつど事前に、出版者著作権管理機構（電話 03-3513-6969　FAX 03-3513-6979　e-mail: info@jcopy.or.jp）の許諾を得てください。